DAS BLOCHER-PRINZIP

EIN FÜHRUNGSBUCH

DAS BLOCHER-PRINZIP

EIN FÜHRUNGSBUCH

Matthias Ackeret

Grundlagenrecherchen:
Beni Gafner

Layout:
Zvezdana Schällebaum

Korrektorat:
Jacqueline Preisig

Umschlaggestaltung:
Ruf Lanz Werbeagentur, Zürich

MEIER BUCHVERLAG
SCHAFFHAUSEN

2. Auflage, 2007

Foto Buchrückseite: Norbert Neininger
Foto Christoph Blocher: Kurt Reichenbach
Foto Matthias Ackeret: Daniela Kohler

Produktion: Meier+Cie., Schaffhausen
Druck: Huber PrintPack AG, Frauenfeld

ISBN 978-3-85801-188-6

INHALTSVERZEICHNIS

EINFÜHRUNG

Was ist Erfolg? Wer sich in der Schweiz diese Frage stellt, stösst – unabhängig von seiner politischen Gesinnung – bald auf den Namen Christoph Blocher, dessen Karriere vom Bauernknecht über den Wirtschaftsführer bis zum Bundesrat einzigartig ist.
Dabei mag es schon erstaunen, dass ein und dieselbe Person in allen wesentlichen Bereichen (Wirtschaft, Militär, Politik, Familie) scheinbar mühelos grössten Erfolg hat; noch verblüffender ist die offensichtliche Tatsache, dass Christoph Blocher dies mit einem gemeinsamen und einheitlichen Führungskonzept gelang. Das Geheimnis dieser Grundsätze – wir haben sie das «Blocher-Prinzip» genannt – soll das vorliegende Buch enthüllen; nach Vorarbeiten des Bundeshausjournalisten Beni Gafner konnte ich in vielen Gesprächen ergründen, wie Christoph Blocher denkt und – dies vor allem – wie er führt.
Das vorliegende Buch ist weder eine Biographie noch eine politische Würdigung des wohl umstrittensten und zugleich populärsten Schweizer Politikers, es handelt sich stattdessen um ein Führungshandbuch. Darin schildert Christoph Blocher seine Führungsprinzipien und worauf sie gründen. Ohne diese Grundsätze (und ohne deren konsequente Umsetzung) wäre das Phänomen Blocher nicht erklärbar. Denn nur wer erfolgreich führe, so Blochers Credo, sei auch imstande, die anstehenden Probleme zu lösen. Dabei orientiert er sich an der militärischen Führungslehre, von der er in der Unteroffiziersschule erstmals hörte und die er im Verlauf seiner beruflichen und militärischen Karriere – er war Oberst – anwenden und erproben konnte.
Blochers Führungslehre stellt nicht den Menschen, sondern die Sache in den Vordergrund. Für das Gelingen einer Sache sei dabei die «ordnungsgemässe» Erfüllung des Auftrags entscheidend, welchen der Vorgesetzte seinem Untergebenen erteilt. Gleichzeitig hat der Untergebene die Möglichkeit, seinem Vorgesetzten Anträge zu stellen und auf diese Weise Verbesserungsvorschläge zu präsentieren. Auch wenn Blochers Führungsprinzipien gelegentlich als überholt und konservativ kritisiert worden sind, so beweist seine Lebensbilanz das Gegenteil.
In einem Brief an einen befreundeten Unternehmer hat Christoph Blocher, dieses «Monument der Richtigkeit» (Martin Walser), seine Lebensmaximen in zehn Punkten zusammengefasst:

1. *Du sollst nicht in erster Linie vom Unternehmen, sondern für das Unternehmen leben – getreu dem Grundsatz: «Der brave Mann denkt an sich selbst – zuletzt!»*

2. *Du sollst Deine Mitarbeiter lieben wie Dich selbst, dann kannst Du von diesen auch viel verlangen – so viel wie von Dir selbst.*

3. *Du sollst stets den Auftrag in den Mittelpunkt stellen und nicht den Menschen – und schon gar nicht den eigenen Menschen.*

4. *Du sollst wissen, dass nur in guten Zeiten alle mitentscheiden wollen und an verantwortungsvolle Stellen drängen; in der Not bist Du allein. Du weisst diese Einsamkeit zu ertragen.*

5. *Du sollst wissen – gerade in Zeiten, in denen Teamgeist in aller Leute Mund ist –, dass Verantwortung unteilbar ist.*

6. *Du sollst die Verantwortung für Deinen Verantwortungsbereich umfassend tragen – für alles, was darin geschieht, gleichgültig, ob «ich etwas dafür kann oder nicht». Aber verantwortlich für die ganze Welt bist Du nicht.*

7. *Du sollst – im Wissen um die eigene Beschränktheit unserer Kraft und unserer Mittel – Dich an die unternehmerische Weisheit des Schuhmachers halten: «Schuster, bleib bei Deinem Leisten».*

8. *Du sollst Dich – mit all Deinen Stärken und Schwächen – geben, wie Du bist – so gewinnst Du das Vertrauen.*

9. *Du sollst nur das sagen, was Du denkst, aber nicht alles sagen, was Du denkst. Was Du sagst, sollst Du dann auch tun, dann brauchst Du keine Motivationsseminare abzuhalten.*

10. *Du sollst anerkennen, dass es im Leben nie nur aufwärts, sondern immer auch wieder abwärts geht; aber auch nie nur abwärts, sondern auch wieder aufwärts. Das nennt man gesundes Gottvertrauen.*

Christoph Blocher versteht sich trotz seiner hervorragenden politischen Erfolge immer noch als Unternehmer. So adaptierte er seine privatwirtschaftlichen Führungsprinzipien vollständig auf die Verwaltung. Schlüsselerlebnisse waren für den promovierten Juristen – wie der nachfolgende Text zeigt – der Kauf der EMS-CHEMIE und sein Schritt ins Unternehmertum (1983). Bedingt durch den überraschenden Tod des damaligen Eigentümers Werner Oswald, dessen rechte Hand Blocher war, musste er im Auftrag der Erben für die Firma einen Käufer suchen. Mangels Alternativen erwarb er in einem gewaltigen finanziellen Kraftakt die vollständige Aktienmehrheit und rettete damit weit über 1000 Arbeitsplätze. Unter Blochers Ägide konzentrierte sich das heute weltweit tätige Unternehmen auf die Geschäftsbereiche Polymere Werkstoffe und Feinchemikalien/Engineering. Zwischen den Jahren 1983 und 2003 erhöhte sich der konsolidierte Jahresumsatz der EMS-Gruppe von 399 Millionen auf 1,221 Milliarden Franken, das Jahresergebnis (Gewinn nach Abzug der Steuern) stieg von 3,7 Millionen auf 106,9 Millionen, wobei 1997 mit 300,1 Millionen Franken das höchste Jahresergebnis erwirtschaftet wurde. Gleichzeitig erhöhte sich der Mitarbeiterbestand von 1555 auf 2637 Personen. Die Auseinandersetzungen um die Kammgarnspinnerei Interlaken sind der Beweis dafür, dass auch Blochers unternehmerische Karriere nicht immer reibungslos verlief. Sein Engagement für die Erhaltung von 100 Arbeitsplätzen löste eine jahrzehntelang dauernde Prozesslawine des Textilunternehmers Adrian Gasser aus, wobei Blocher in allen Punkten freigesprochen wurde (mehr zu diesem Thema: Wolf Mettler, «Liebi Fraue und Manne», Schaffhausen 1995).

2003 – nach seiner Wahl in den Bundesrat – teilte Blocher das Unternehmen unter seinen vier Kindern auf, wobei Tochter Magdalena Martullo-Blocher als Vizepräsidentin und Delegierte des Verwaltungsrates die Gruppenleitung übernahm. Sohn Markus erwarb die Aktienmehrheit der DOTTIKON ES HOLDING AG. Miriam Blocher, die zweitjüngste, ist Lebensmittelingenieurin ETH. Sie erwarb 2006 die Dalasta Holding, zu der das bekannte «Läckerli-Huus» gehört. Die jüngste Tochter Rahel ist Betriebswissenschaftlerin und arbeitet als Group Controller in einer börsenkotierten Gesellschaft.

Einer breiteren, auch ausländischen Öffentlichkeit trat Blocher als konservativer, gefeierter und von seinen Gegnern gelegentlich verteufelter Politiker ins Bewusstsein. Seit dreissig Jahren prägt Blocher die schweizerische Politik: zuerst als personifizierte «Opposition» – er war 24 Jahre im Nationalrat –, seit Anfang 2004 als Regierungsmitglied. Als Präsident der Zürcher Sektion der Schweizerischen

Volkspartei (SVP) bestimmte er weitgehend auch den Kurs der nationalen Partei. Unter Blochers Führung wandelte sich die einstige Bauern- und Gewerbepartei in eine rechtsbürgerliche Wirtschaftskraft, welche innerhalb von 24 Jahren ihr Wählerpotential verdoppeln konnte. 1986 gründete Christoph Blocher zusammen mit dem inzwischen verstorbenen Berner Nationalrat Otto Fischer die AUNS (Aktion für eine unabhängige und neutrale Schweiz), die er jahrelang präsidierte und die mit ihren 34 000 Mitgliedern eine wichtige, überparteiliche Kraft gegen den EU- und auch den UNO-Beitritt stellte, Letzteres im zweiten Durchgang aber erfolglos.
Blochers nachhaltigster Erfolg war sein Kampf gegen den Beitritt zum Europäischen Wirtschaftsraum EWR 1992. Gegen das gesamte Establishment gelang es dem SVP-Politiker in einem nervenaufreibenden Abstimmungskampf, Volk und Stände von einem Nein zu überzeugen. Dieses Resultat prägt die schweizerische Aussenpolitik bis heute und ist der Hauptgrund, warum die Schweiz nicht der Europäischen Union (EU) beigetreten ist. Wie verhärtet die politischen Fronten nach der EWR-Abstimmung waren, zeigte sich an der Tatsache, dass der damals 53-Jährige im Frühjahr 1993 wegen seines politischen Engagements aus dem Verwaltungsrat der Schweizerischen Bankgesellschaft SBG (heute UBS) geworfen wurde.
Ähnlich kontrovers war die Situation zehn Jahre später, kurz vor der Wahl Blochers in den Bundesrat. Bei den Parlamentswahlen 2003 legte die SVP beinahe fünf Prozent zu und errang einen «historischen Sieg», so Parteipräsident Ueli Maurer. Dieses für schweizerische Politverhältnisse erdrutschartige Resultat ermöglichte es der SVP, das Parlament vor die Alternative zu stellen, entweder Blocher in die Regierung zu wählen oder den Gang der SVP in die Opposition in Kauf zu nehmen. Obwohl Blocher seine Wahl in die Regierung aufgrund der bisherigen Opposition immer wieder als ein Ding der Unmöglichkeit verworfen hatte, wurde diese Strategie bereits ein halbes Jahr vor den Parlamentswahlen angesichts des sich abzeichnenden Erfolges im kleinsten Kreis unter dem Namen «Operation Hannibal» ins Auge gefasst. Dank der bürgerlichen Stimmen konnte sich die SVP mit ihrer Forderung schliesslich durchsetzen, und Blocher wurde knapp gewählt. Dadurch wurde die Zauberformel, die über 40 Jahre dauernde, fast schon als sakrosankt geltende Regierungszusammensetzung, gesprengt, was zur Abwahl der bisherigen Justizministerin Ruth Metzler (CVP) führte.
Blochers Wahl in den Bundesrat änderte die Schweizer Politlandschaft nachhaltig: Sie bewirkte nicht nur einen Rechtsrutsch innerhalb der Exekutive, sondern

auch eine völlige Neustrukturierung seines Eidgenössischen Justiz- und Polizeidepartements (EJPD). Mit der deutlichen Annahme des verschärften Asyl- und Ausländergesetzes gegen die geballte Opposition linker und kirchlicher Kreise gelang ihm in der Exekutive sein bislang grösster Erfolg.
Eine wenig bekannte Seite sind Christoph Blochers kulturelle Aktivitäten. Zahlreiche Chöre, Kunstausstellungen, verschiedene kulturelle Anlässe, Musikschulen wurden von ihm initiiert oder unterstützt. Auch Grossanlässe wurden nur dank seiner finanziellen Unterstützung möglich. Erwähnt seien hier exemplarisch lediglich drei Anlässe, die ohne die massgebende Unterstützung des begeisterten Sammlers von Schweizer Kunst mit Schwergewicht Albert Anker (1831–1910) und Ferdinand Hodler (1853–1918) nicht möglich gewesen wären: so die Bräker-Spiele im toggenburgischen Lichtensteig im eigens dafür gebauten Shakespeare-Theater im Jahre 1998, welche aus Anlass des 200. Todesjahres von Ulrich Bräker, dem «armen Mann im Toggenburg», durchgeführt wurden, oder 2001 die Singspiele «Le Devin du Village» von Jean-Jacques Rousseau und «Bastian et Bastienne» von Wolfgang Amadeus Mozart, miteinander verknüpft als neues Werk auf der St. Petersinsel, und schliesslich die Freilichtaufführungen 2004 auf der Rütliwiese, der Geburtsstätte der Schweizerischen Eidgenossenschaft, zum 200. Bühnenjubiläum von Friedrich Schillers «Wilhelm Tell» durch das Staats theater Weimar. Die anderen zahlreichen kulturellen und gemeinnützigen Unterstützungen leistet Blocher – nach protestantischer Manier – im Stillen und will sie nicht in die Öffentlichkeit tragen.

Matthias Ackeret

BIOGRAPHIE

Christoph Blocher wird am 11. Oktober 1940 als siebtes Kind von Ida und Wolfram Blocher geboren. Der Vater ist Pfarrer in der Zürcher Kirchgemeinde Laufen am Rheinfall, wo Christoph Blocher seine Kindheit verbringt. Er hat zehn Geschwister.

Er besucht die Primarschule und die Sekundarschule in Laufen-Uhwiesen, Kanton Zürich. Als 15-Jähriger beginnt er eine landwirtschaftliche Lehre auf einem Bauernhof in Ossingen und schliesst sie im Jahre 1958 ab. Verschiedene landwirtschaftliche Praktiken in Buch am Irchel, im waadtländischen Pampigny und in Knonau ZH ergänzen seinen Besuch an der landwirtschaftlichen Winterschule «Weinland» in Winterthur-Wülflingen (Winter 1959 und 1960).

Nach der Rekrutenschule und der Ausbildung zum Unteroffizier bildet sich Blocher an der Privatschule Minerva Zürich zur Eidgenössischen Matura aus und besteht diese 1963. Sein Ziel ist, an der ETH Landwirtschaft zu studieren. Nicht zuletzt unter dem Einfluss seines Grossonkels Eugen Blocher, des damaligen Bundesgerichtspräsidenten, entscheidet sich Blocher aber zum Studium der Rechtswissenschaften. An der Universität Zürich schliesst er dieses nach vier Jahren, trotz mehrmaliger Unterbrüche durch den Militärdienst, mit dem Lizentiat ab.

Seine Studienzeit fällt in die studentisch unruhigen sechziger Jahre. Christoph Blocher ist Mitbegründer der bürgerlichen Studentengruppe «Studentenring» an der Universität Zürich und während seiner Studienzeit Präsident der juristischen Fachschaft und Mitglied des Grossen Studentenrates.

Das Studium finanziert er sich als Werkstudent, auch mit Darlehen und Stipendien. Nachts arbeitet er unter anderem bei der Post.

1969 tritt Christoph Blocher in der Rechtsabteilung der EMS-CHEMIE (damals Emser Werke AG) eine Halbtagsstelle an. Daneben schreibt er seine Dissertation und promoviert 1971 zum Doktor beider Rechte mit der Dissertation «Die Funktion der Landwirtschaftszone und ihre Vereinbarkeit mit der schweizerischen Eigentumsgarantie».

Obwohl er eigentlich nur in die Firma eingetreten ist, um die Wirtschaft etwas besser kennenzulernen, ist Blocher zu diesem Zeitpunkt bereits zum Vizedirektor avanciert, wird 1972 Direktionsvorsitzender und Delegierter des Verwaltungsrates der EMS-CHEMIE sowie Mitglied verschiedener Verwaltungsräte

der EMS-Gruppe. 1983 übernimmt er die Aktienmehrheit der EMS-CHEMIE HOLDING AG und wird deren Präsident und Delegierter des Verwaltungsrates.
1967 heiratet Christoph Blocher die Lehrerin Silvia Kaiser. Das Paar hat drei Töchter und einen Sohn.
Alle vier Kinder werden eine unternehmerische Laufbahn einschlagen.
Christoph Blocher ist Grossvater von fünf Enkelkindern.
Von 1974 bis 1978 amtet Christoph Blocher als Mitglied des Gemeinderates Meilen, von 1975 bis 1980 ist er Mitglied des Zürcher Kantonsrates, 1977–2003 Präsident der Schweizerischen Volkspartei des Kantons Zürich und von 1979 bis 2003 Mitglied des Nationalrates.
1986 ist er Mitbegründer der «Aktion für eine unabhängige und neutrale Schweiz» (AUNS) und präsidiert diese bis 2003.
In der Armee hat Christoph Blocher den militärischen Grad eines Obersten.
Am 10. Dezember 2003 wird Christoph Blocher von der Vereinigten Bundesversammlung in den Bundesrat gewählt und übernimmt am 1. Januar 2004 das Eidgenössische Justiz- und Polizeidepartement als dessen Vorsteher.
Nach der Wahl zum Bundesrat überträgt er alle Mehrheitsanteile von EMS an seine Kinder und gibt alle Ämter im Unternehmen ab.

DEFINITION DER FÜHRUNG

DIE FÜHRUNGSGRUNDSÄTZE

«Führen heisst: ein Problem erkennen, analysieren, Lösungsvarianten entwickeln, planen und entscheiden und danach seine Untergebenen auf das gemeinsame Ziel einschwören, um mit diesen das Ziel zu erreichen.»
Christoph Blocher

Was macht denn gute Führung aus?

GRUNDHALTUNG

Eine wesentliche Voraussetzung dafür ist die innere Grundhaltung, welche anerkennt, dass ein Vorgesetzter immer auch Untergebener ist. Denn jeder Vorgesetzte hat sowohl einen Auftrag zu erfüllen als auch Aufträge zu erteilen. Ein Auftraggeber ist also stets auch Auftragsempfänger und damit Untergebener.
Ein guter Chef zeichnet sich vor allem durch Demut aus. Demut gegenüber der Sache, gegenüber dem Auftrag – nicht so sehr gegenüber Personen und schon gar nicht gegenüber Personen, die nicht bei der Sache sind. Ebenso ist die Einsicht in die Beschränktheit des eigenen Handelns erforderlich.
Unter diesen Voraussetzungen wird man fähig, ein Problem zu erkennen und zu analysieren. Man gewinnt die Kraft zu entscheiden und den Mut, seine Untergebenen auf ein gemeinsames Ziel einzuschwören und mit diesen das Ziel zu erreichen. Darauf basieren die Führungsgrundsätze, und darin gründet schliesslich eine wirkungsvolle Führungstechnik.

Kann man Ihre Führungsgrundsätze in allen Bereichen, namentlich auch in der Politik und in der Familie, anwenden?

VERANTWORTUNG

Diese Führungsgrundsätze entspringen der Lebenswirklichkeit und beruhen auf einer Lebenshaltung. Sie gelten deshalb überall, wo geführt und Verantwortung getragen wird.

Zentral ist die Verantwortung für den mir erteilten Auftrag. Im Wort Verantwortung ist auch das Wort Antwort enthalten, Antwort auf einen gegebenen Auftrag.

Ist Führen lernbar?

Zumindest «auch» lernbar. Erfolgreiches Führen ist aber in erster Linie Ausdruck einer bestimmten Lebenshaltung und Lebenseinstellung und weniger eine Frage der erlernten Technik. Allerdings kann man auch eine Lebenshaltung erlernen. Die traditionellen Führungsgrundsätze sind stark von der militärischen Führungsschule geprägt; sie werden in schwierigen Zeiten auch in wirtschaftlichen Unternehmen immer wieder neu belebt.

ARMEE

Dies ist ein deutliches Indiz dafür, dass sie sich in allen Lebenslagen als richtig erweisen: In der Armee geht es im Ernstfall stets um die entscheidenden Dinge, um Leben oder Tod. Im Angesicht des Todes entscheidet sich schnell, was Bestand hat und was nicht. Heute baut man in der amerikanischen Wirtschaft wieder auf diese traditionellen Führungsgrundsätze. Vor allem wird stark betont, dass der Vorgesetzte vor der Auftragserteilung zuallererst den Untergebenen zu orientieren hat – vor allem und zuallererst über den eigenen Auftrag. Je mehr Führungserfahrung ich habe, desto bedeutsamer scheint mir die Orientierung über den eigenen Auftrag!

Warum?

Ein guter Untergebener kann, sofern er den übergeordneten Auftrag des Chefs kennt, unter Umständen auch ohne dass er einen eigenen Auftrag erhalten hat und ohne genauere Vorgaben im Sinne des Ganzen handeln und das gesteckte Ziel erreichen. Wenn er aber lediglich seinen eigenen Auftrag bekommt, ohne zu wissen, warum und in welchem Zusammenhang er erteilt wurde, wird auch der eigene Auftrag in der Regel schlecht ausgeführt. Im Alltag wird aber diese

Orientierung des Untergebenen – obschon von äusserster Wichtigkeit – meist vergessen. Darum geht so vieles schief. Deswegen muss man sich – gerade im Alltag – dazu zwingen, den Untergebenen zu informieren.

ORIENTIERUNG

Durch die Orientierung über den eigenen Auftrag und die Sachlage nimmt der Vorgesetzte den Untergebenen ernst. Der Untergebene realisiert, dass der Vorgesetzte auch (nur) ein Untergebener ist. «Auch er – mein Vorgesetzter – hat einen Auftrag zu erfüllen!» Das ist der Anfang einer verschworenen Gemeinschaft.

Welche Qualitäten muss ein guter Chef haben?

SCHLECHTER CHEF

Ich würde umgekehrt fragen: Wann ist ein Chef ein schlechter Chef? Vor allem, wenn er nicht bereit ist, Verantwortung zu tragen und die Nachteile einer Vorgesetztenposition auf sich zu nehmen. Dann wird er keinen dauerhaften Erfolg als Vorgesetzter haben.

Ist jemand, der die eigene Lebensqualität hoch gewichtet, ein schlechter Chef?

Zumindest, wenn er diese über alles stellt. In guten Zeiten und bei einfachen Problemen mag dies angehen. In schwierigen Situationen – und erst hier braucht es wirklich Führung – muss man aber, ohne Rücksicht auf eigene Bedürfnisse, seine ganze Arbeitskraft in den Dienst der Sache stellen. Sonst geht es nicht.

Kann man sich diese Härte antrainieren?

Ja. Die konsequente, auf den Auftrag ausgerichtete Führung verringert die emotionalen Reibungsflächen und erhöht die eigene Robustheit.

Gibt es auch regionale Unterschiede in der Führungslehre?

ASIATEN UND EUROPÄER

Die Asiaten führen ganz anders als beispielsweise die Europäer. In Japan sind die Hierarchien viel strenger als hierzulande. Aber die Lösungen werden in langen Prozessen von unten entwickelt bis zum Konsens auf allen Stufen. In China habe ich schon erlebt, dass sogar der Chauffeur, der zufällig anwesend war, auch mitredete. Kaum ist der Entscheid aber gefällt, wird er konsequent durchgezogen. Was die Realisierung anbelangt, können wir von den Asiaten – vor allem von den Japanern – lernen. Die amerikanische Führungslehre ähnelt der europäischen.

Wie haben sich die Führungslehren verändert?

FÜHREN DURCH ZIELSETZUNG

Ich habe mich intensiv mit anderen Führungstheorien auseinandergesetzt und darüber auch viel gelesen. Lange Zeit galt Führen durch Zielsetzung als modern. Das ist aber Unfug, und so wird dieses Modell heute eigentlich nur noch in der Politik und der Verwaltung praktiziert.
Kaum ging es der Wirtschaft schlecht, verschwanden diese neuartigen Führungstheorien wieder vom Erdboden, und man kam auf die traditionellen Grundsätze zurück, die man zuvor belächelt hatte.

Warum funktioniert Führen durch Zielsetzung nicht?

ERFOLG DURCHSETZEN?

Die Angabe des Ziels ist nur ein Teil der Führung. Ein Ziel anordnen ist einfach, darum ist Führen durch Zielsetzung so beliebt. Das Ziel ist einem ja durch den eigenen Auftrag schon gegeben. Doch die bange Frage ist, wie kann ich es erreichen? Wie kann ich den Erfolg durchsetzen? Was für Faktoren können der Zielerreichung entgegenstehen? Wie kann ich diese Faktoren ausschalten? Wie kann ich den Erfolg notfalls erzwingen? Eine Strategie, die nur aus dem Ziel besteht, ist keine Strategie.

Führen Frauen anders als Männer?

Die Führungsgrundsätze sind die gleichen. Meine Erfahrungen zeigen aber, dass es für Frauen in der Regel schwieriger ist, weil sie empfindlicher sind. Im Allgemeinen können sie zwar austeilen, aber weniger leicht einstecken. Ein typisches Beispiel war Ursula Koch, die ehemalige Präsidentin der Sozialdemokratischen Partei. Manchmal tat sie mir leid, wenn ich sah, wie sie unter politischen Angriffen litt. Aber austeilen konnte sie. Weil sie jedoch die Angriffe – auch aus den eigenen Reihen – nicht ertrug, trat sie schliesslich von allen Ämtern zurück.

Ist eine zielgerichtete Lebensplanung möglich?

KARRIERE

Oft werde ich von jungen Leuten gefragt, wie man Karriere macht. Meine Antwort bleibt immer dieselbe: Ich weiss es nicht. Eine Karriere zu planen ist vielleicht möglich, aber falsch. Dahinter steckt der Gedanke, Karriere heisse reich werden, mehr Freiheit und Ansehen für sich gewinnen etc. Ich weiss nicht, wie man dies plant. Darum sage ich jungen Leuten: Suchen Sie einen, der das weiss.

Der Vorsatz, Unternehmer zu werden, um reich zu sein, ist verfehlt. Viele Unternehmer werden und sind nicht reich. Der Unternehmer ist einer, der etwas Bestimmtes unternimmt. Wenn er es gut macht, wird er in der Wirtschaft meistens reich. Ich hatte trotz aller Mühsal immer Freude daran, ein Unternehmen erfolgreich zu führen. Mein Ziel war nicht, reich zu werden. Aber in der Folge wurde ich reich. Deshalb halte ich auch von diesen einfältigen Karriereplanungsseminaren nichts. Wer mit dem Vorsatz antritt, Karriere zu machen, um reich und angesehen zu werden, der wird in der Aufgabe selbst scheitern. Was zählt, ist die Konzentration auf die Sache, die es zu bewältigen gilt, oder auf das Problem, das man lösen muss. Hat man dies erfolgreich erledigt, packt man eine weitere Aufgabe an. Gute Unternehmer, gute Chefs sind besessen von ihrer Sache. Sich selbst, ihr Ansehen, ihre Karriere und ihren Reichtum stellen sie in den Hintergrund. Das ist so ziemlich das Gegenteil von Karriereplanung. Der Karrierist rennt einer Nebensächlichkeit nach.

KONZENTRATION

Sie haben alles erreicht, was in der Schweiz möglich ist. Steckt dahinter wirklich keine Lebensplanung?

Nein, wirklich nicht. Ich dachte in meinem Leben nie daran, Unternehmer zu werden, und schon gar nicht Bundesrat . Aber ich habe zeit meines Lebens immer an meinen Grundsätzen festgehalten und angepackt, was mir im Augenblick nötig schien. Ich wurde auf exotischem Weg Unternehmer, obwohl ich nie daran gedacht hatte, das zu werden. Als mich nach meinem Lizentiat der Gründer der damaligen Emser Werke, heute EMS-CHEMIE AG, anfragte, ob ich halbtags in seinem Rechtsdienst arbeiten wolle, willigte ich ein, weil dies mir – als Pfarrerssohn – den dringend nötigen Einblick in die Wirtschaft ermöglichte. Daneben arbeitete ich an meiner Dissertation. Damals wusste ich nicht einmal, was eine Bilanz ist. Relativ schnell wurde ich zum Generalsekretär befördert. Die Halbtagsarbeit wurde zur ganztägigen. Das Schreiben der Dissertation wurde auf die Wochenenden verlegt. Es kamen wirtschaftlich sehr schlechte Zeiten, Textil- und Erdölkrise. Als ich schliesslich die Firma Jahre später übernahm, stand sie wirtschaftlich vor dem Abgrund. Niemand hatte die Firma kaufen wollen, weil niemand mehr an einen Erfolg glaubte. Nur deshalb und mit hohen persönlichen Schulden konnte – oder vielmehr musste – ich sie übernehmen.

ERFOLG

Aber ich glaubte an die Firma und war überzeugt, dass bei guter Führung ein Erfolg möglich sei! Die Übernahme gab mir die Führungskraft, denn ich war zum Erfolg verdammt! Der Auftrag war gewaltig.

Wie gelang es eigentlich dem damaligen Angestellten Blocher, seinen Arbeitgeber – die EMS-CHEMIE – zu übernehmen?

Es war ein klassisches Management-Buy-out. Die damaligen Hauptaktionäre wollten EMS – der es sehr schlecht ging – verkaufen. Man hatte auch einen Käufer, eine amerikanische Firma (General Electric). Diese hätte allerdings nach der Über-

nahme die Hälfte der Angestellten bei EMS entlassen und die damalige Hauptproduktion, die Synthesefaser, im bündnerischen Domat/Ems stillgelegt, um wieder in die schwarzen Zahlen zu kommen. 800 Menschen wären dann auf der Strasse gestanden. Im Kanton Graubünden, einer Gegend, wo es für die Entlassenen wenig Alternativen gegeben hätte, wäre dies für alle diese Familien ein harter Schlag gewesen. «No problem», sagten die US-Amerikaner, «wir geben diesen Familien 20 Millionen Dollar.» «Aber die Menschen brauchen nicht Dollars», antwortete ich, «sie brauchen Arbeit.»
Darum riet ich der verkaufswilligen Hauptaktionärin, dieses Angebot nicht zu nutzen. Sie akzeptierte unter der Bedingung, es sei in der Schweiz ein Käufer zu finden, der mindestens gleich viel bezahle. Ich rannte während dreier Wochen in der Schweiz umher, um einen Käufer zu finden. Doch niemand biss an. Es war die Zeit grosser Schwierigkeiten von namhaften Firmen wie Saurer, von Roll, der Uhrenindustrie. Die Banken wollten begreiflicherweise nicht schon wieder einspringen. Da ermunterte mich Max Schmidheiny – der Vater von Thomas und Stefan Schmidheiny, die ich vom Studium her kenne –, doch die Firma selbst zu kaufen. Auf meinen Einwand hin, ich hätte die Mittel nicht, antwortete er: «Geld ist nicht das Wichtigste, sondern der Wille und die Fähigkeit, die Firma zu führen. Für Geld haben wir die Banken. Sie glauben ja an die Firma. Da sollte doch ein Kredit möglich sein!» Es war dann Robert Holzach, der damalige Verwaltungsratspräsident der Schweizerischen Bankgesellschaft (heutige UBS), der diese Meinung teilte.

GELD

Woher hatten Sie das Geld?

Ich selbst hatte damals ein Haus mit Garten. Sonst nichts. Die Banken sprachen den Kredit unter der Voraussetzung, dass ich alles, Haus, Garten, den berühmten letzten Rappen, einsetze. Aus Sorge für meine Familie – wir hatten vier Kinder im Alter zwischen sieben und vierzehn Jahren – wollte ich eine

Lebensversicherung abschliessen, was die Banken aber nicht erlaubten. Auch meine damals noch bescheidene Kunstsammlung veräusserte ich. Einen Teil davon kaufte ich in späteren Jahren wieder zurück (allerdings zu wesentlich höheren Preisen!). Der Zinssatz für die Kredite war hoch, aber ich erhielt für die ersten zwei Jahre einen Zinsaufschub, denn eine Dividendenauszahlung war vorerst ausgeschlossen. Heute, 25 Jahre später, darf ich sagen: Die Bankkredite mit Zins und Zinseszinsen sind alle zurückbezahlt. An mir und meinem Unternehmen hat noch nie eine Bank auch nur einen Rappen verloren.

Woher holten Sie die Zuversicht, nicht zu scheitern?

Das weiss ich nicht. Ich glaubte an das Leben und die neuen Erfindungen. Ich wusste, dass wir von den Textilien weg mussten. Ich war zuversichtlich, dass die Firma rentieren kann, wenn man es richtig macht, und wusste aber auch, dass es viel Führungskraft und Durchhaltevermögen brauchen würde. Ich kannte ja den Betrieb. Die Söhne des verstorbenen Gründers, die beide im Unternehmen führende Positionen innehatten, wollten verkaufen. Allzu lange konnte ich nicht überlegen: Es war für die Firma – so schien mir – aber auf jeden Fall besser, wenn sie weitergeführt wurde, als wenn die US-Amerikaner ihre – unternehmerisch begreifliche – Strategie der teilweisen Stilllegung durchgesetzt hätten. Aber das Risiko war riesig.

Wann realisierten Sie erstmals, dass Sie mit Ihren Entscheidungen etwas bewirken können?

Früh. Nachdem ich in die Firma eingetreten war. Ich habe als Sekretär ohne eigene Kompetenzen und gegen den ausdrücklichen Willen meines damaligen Chefs und Firmengründers die Einstellung der Synthesefaserrohstoff-Produktion bei EMS erwirkt.
Dies, weil ich zusammen mit dem damaligen Finanzchef und einem betagten Ingenieur im Verwaltungsrat der Ansicht war,

dass das Beibehalten der unrentablen Produktion den Untergang der Firma bedeuten würde. Die Kosten unseres Produktes lagen damals bei CHF 4.30 pro kg. Der Preis des ausländischen Konkurrenzproduktes lag bei einem Drittel. Etwas eigenmächtig schloss ich in Deutschland einen entsprechenden Vertrag ab, wusste aber, dass ich damit meine Kompetenzen überschritten hatte, was zu meiner Entlassung hätte führen können. Ich spürte, dass der Gründer – ein grossartiger Industrieller – nicht mehr die Kraft besass, diesen für ihn schweren Entscheid zu treffen. Ich musste im Interesse des Unternehmens handeln und das Risiko einer Entlassung auf mich nehmen.
Als ich von Deutschland nach Ems zurückkehrte, war mein Chef sehr böse und schmollte vierzehn Tage. Danach war es vorbei. Im Innersten wusste auch er, dass dies der richtige Entscheid gewesen war. Aus emotionalen Gründen war er aber nicht imstande, diesen zu treffen. Damals realisierte ich, dass man, wenn man etwas um der Sache willen mit einem richtigen Ziel mit gutem Motiv tut, auch die richtigen Führungsentscheide trifft.

MOTIV

DIE PRINZIPIEN

DER AUFTRAG

«Wer führt und Verantwortung trägt, hat stets nach dem Auftrag zu fragen: nach dem Auftrag, in einer ganz bestimmten Sache an einem ganz bestimmten Ort zu einer ganz bestimmten Zeit etwas ganz Bestimmtes zu tun, um etwas ganz Bestimmtes zu erreichen. Zweck der Führung ist, den Auftrag zu erfüllen. Missachtet man dies, gehen Unternehmen mit allen daraus resultierenden Konsequenzen für Mitarbeiter, Kapitaleigner und Gläubiger zugrunde. Missachtet man dies im Staat, leiden die Bürger. Missachtet man dies in der Familie, bricht sie auseinander. Missachtet man dies in der Armee, gehen Kriege verloren.»
Christoph Blocher

AUFTRAGGEBER – AUFTRAGNEHMER

Nur wer einen Auftrag wirklich verinnerlicht hat, kann diesen auch erfolgreich ausführen. Das ist ein wichtiges Geheimnis erfolgreicher Führung. Die Kunst besteht darin, dem Beauftragten seinen eigenen Auftrag einzuflössen. Besser mündlich als nur schriftlich. Der Auftraggeber ist so gezwungen, dem Auftragnehmer in die Augen zu schauen und ihn ernst zu nehmen. Erst wenn sich der Untergebene in die Situation des Vorgesetzten hineinversetzen kann, bekommt der Auftrag seine nötige Tiefe. Nicht nur einen Auftrag ausführen, sondern vor allem einen Auftrag erteilen ist anspruchsvoll. Es erfordert eine exakte Vorbereitung und ein «Sich-in-die-Untergebenen-Hineinversetzen».

Was heisst das konkret?

VORGESETZTER – UNTERGEBENER

Weil Vorgesetzte oft – manchmal aus einem Überlegenheitsgefühl heraus – den Untergebenen nicht zeigen wollen, dass sie auch (nur) Untergebene sind, geben sie den Untergebenen ihren eigenen Auftrag gar nicht bekannt. Damit fehlt das Wichtigste: Der Untergebene fühlt sich von seinem Chef nicht ernst genommen, kennt den übergeordneten Auftrag nicht und kann sich nicht für die ganze Sache engagieren und den ihm erteilten Auftrag nicht im Dienste der Sache ausführen. Ein guter Chef sagt zu seinem Untergebenen nicht: «Mein Ziel ist …», sondern er beginnt mit: «Mein Auftrag ist …». Dies ist mehr als eine sprachliche Nuance. Es zeigt dem Untergebenen, dass er, der Vorgesetzte, auch (nur) Untergebener ist und dass der Vorgesetzte – gleich wie alle Untergebenen – auch einen Auftrag auszuführen hat und ihm – dem Untergebenen – diesen Auftrag anvertraut. Damit wird zunächst einmal jeder Untergebene zum Vertrauten. Der Chef bezieht den Untergebenen in seine Pläne ein. Führung hat eben viel mit Psychologie zu tun.

Darf ein Vorgesetzter die Hierarchien überspringen?

DIENSTWEG

Für die Informationsbeschaffung, bei der Kontrolle von Abläufen und bei Entscheidungsfindungsgesprächen habe ich da keine Hemmungen, sondern spreche mit jedem Mitarbeiter. Für die Kontrolle der Arbeit ist dies meines Erachtens unerlässlich. Dabei halte ich mich aber strikt an den Grundsatz, wonach Aufträge nur über den Dienstweg erteilt werden dürfen. Natürlich: Gespräche mit Untergebenen verschiedenster Hierarchieebenen sind insofern etwas heikel, als die Gesprächspartner die Meinung des obersten Chefs manchmal herauszuhören meinen und als indirekte Auftragserteilung auffassen können. Das kann sich dann gegen Anordnungen des direkten Vorgesetzten auswirken. Ich versuche mich also in solchen Gesprächen zu disziplinieren, meine eigene Auffassung möglichst nicht durchblicken zu lassen und den Eindruck, ich würde indirekt einen Auftrag erteilen, zu vermeiden.

Wer gibt denn Ihnen heute den Auftrag?

Im Gegensatz zur Wirtschaft ist in der Politik die Frage nach dem Auftraggeber nicht immer klar zu beantworten. Oft sind es mehrere, sich sogar widersprechende Auftraggeber. Nicht zuletzt deshalb funktioniert in der Politik vieles schlecht. Ich habe mir vor meinem ersten Arbeitstag als Bundesrat die Frage gestellt, was eigentlich mein Auftrag sei. Der erste ergibt sich aus der Definition meines Amtes, das heisst dem Auftrag, dieses Departement zu führen. Weitere Aufträge kommen oft auch vom Gesamtbundesrat, vom Parlament, durch Gesetze, Verordnungen und anderes mehr. Es ist nicht immer einfach, die Zuordnungen zu erkennen.

Anerkennen die Beamten Ihre Führungsgrundsätze?

Ich weiss es nicht. Sie befolgen sie jedenfalls – weil ich es verlange.

Konkreter: Wer hat Ihnen beispielsweise als Kantonalparteipräsident der Zürcher SVP den Auftrag erteilt?

Die Partei. Ich habe der Parteileitung ein Programm beantragt. Diese hat es – vielleicht mit Änderungen – genehmigt. Sie hätte es auch ablehnen können. Durch die Genehmigung wurde das Programm zu meinem Auftrag. Dies durchzusetzen, ohne Rücksicht auf mein Ansehen, war damit gegeben. PARTEI

Wer gibt aber denn einer Parteileitung den Auftrag?

Der Parteivorstand, wobei dies am besten auch wieder von unten durch Antrag geschieht. Die Delegiertenversammlung gibt dem Parteivorstand den Auftrag. Das Erfolgsrezept heisst auch hier Führung von unten – durch Anträge.

Steht hinter jedem Auftrag nicht auch ein Werturteil?

Der Auftrag ist das Ergebnis eines Entscheidungsfindungsprozesses. Darin stecken selbstverständlich auch Werturteile. Ob der Entscheid gut war, zeigt der Erfolg beziehungsweise ERFOLG der Misserfolg. An diesem soll sich alles messen. Gerade in der Politik versucht man dies zu verdecken. Grosse Versprechen, Ankündigungen, Beschönigungen, nutz- und sinnlose Tätigkeiten, Umtriebigkeit, Äusserlichkeiten (Ansehen, Beliebtheit, Medienecho, Betroffenheit) stehen oft im Vordergrund und verdecken die Sicht auf die Auftragserfüllung, auf Erfolg oder Misserfolg. Ganz deutlich wird dies, sobald ein Politiker abtritt. Dann kann man in den Zeitungen nachlesen, wo er überall dabei war – in welchen Kommissionen, in welchen Funktionen, mit welchen Titeln –, nicht aber, ob er seinen Auftrag erfüllt hat. Doch massgebend ist nur, was erreicht wurde! Spielt es eine Rolle, was Churchill für Ämter und Ämtchen in seinem Leben bekleidet hat? Spielt es eine Rolle, wo und warum er gewählt oder abgewählt wurde? Nein! Wichtig ist, dass er Europa befreit hat von der Tyrannei. Das zählt! Auftrag erfüllt! Diesbezüglich spielt die Gesellschaft eine höchst eigenartige Rolle.

Das heisst …

Die Medien müssten mehr feststellen, was einer wirklich erreicht hat, und weniger, was er ist und was er verspricht. Dies ist der Unterschied zwischen Politik und Wirtschaft: In der

RESULTAT

Wirtschaft zählt das Resultat. In der Politik hingegen zählt mehr, was versprochen wird. Es ist doch unerheblich, wie lange welcher Politiker in welchen Kommissionen sass; man möchte stattdessen wissen, was er bewirkt hat.

Lassen Sie sich auch nach diesem Grundsatz messen?

Selbstverständlich. Deshalb lege ich als Bundesrat am Ende jedes Amtsjahres mit einer Bilanzpressekonferenz über Erreichtes, über Erfolg und Misserfolg, Rechenschaft ab.

Aber ist es nicht eine schweizerische Tugend, dass man einem zurücktretenden Politiker nicht Dreck nachwirft?

Gegen diese Tugend habe ich nichts. Aber negative Ereignisse im Leben eines Politikers müssen nicht zwingend Dreck sein. Schauen wir wieder das Leben Churchills an, da gab es viele negative Seiten. Die gehören zwar dazu, mindern jedoch die Gesamtbilanz dieses grossartigen Mannes nicht. Im Gegenteil: «Wo viel Licht ist, ist starker Schatten» (Goethe, «Götz von Berlichingen»). Mit Rücktritten ist es wie mit Nekrologen: Es sterben nur die Besten. Ich finde, auch an Abdankungsfeiern ist es nicht nötig, dass nur Erfolgreiches erzählt wird. Kürzlich nahm ich in Österreich an der Abdankungsfeier der im Amt verstorbenen Innenministerin Liese Prokop teil. Nach den zahlreichen Würdigungen wusste ich nicht mehr, ob Österreich ohne Frau Prokop überhaupt noch existieren kann. Sie war sicher eine gute Politikerin, und ich schätzte sie, aber es wertet eher ab, wenn man so über den grünen Klee gelobt wird. Wenn in der NZZ ein führender Wirtschaftsmann oder Politiker, meist ist es ja wohl ein Freisinniger, besonders schön gelobt wird, dann denke ich manchmal etwas bösartig: Wird wohl nicht allzu viel los gewesen sein mit ihm.

Themenwechsel: Sie sprechen immer von Vorgesetzten und Untergebenen. Das heisst doch heute Mitarbeiter, oder?

MITARBEITER

Ich brauche das Wort Mitarbeiter in diesem Zusammenhang äusserst ungern. Natürlich sind wir alle Mitarbeiter. Aber für die Führung ist es wichtig zu wissen, wer gegenüber wem Vorgesetzter ist und wer gegenüber wem Untergebener. Weiss man dies nicht, so ist die Verantwortung unklar, denn man ist ja stets gegenüber dem Vorgesetzten verantwortlich. Untergebener ist an sich ein schönes Wort, da es die Funktion anschaulich umschreibt: unter-geben. Ebenfalls vor-gesetzt. Man ist gesetzt, das heisst, vor jemanden gesetzt. Der Untergebene ist für eine Aufgabe gegeben. Als das hat man ihn auch zu behandeln. Die Hauptaufgabe eines Untergebenen ist die Erfüllung der Aufträge, die ihm sein Vorgesetzter gibt. Weil er jedoch weiss, dass sein Vorgesetzter auch einen Auftrag – in der Regel einen viel schwierigeren – zu erfüllen hat und damit auch nur Untergebener ist, fällt es ihm leicht, den Vorgesetzten als diesen und sich selbst als Untergebenen anzuerkennen! Weil sowohl Vorgesetzter wie auch Untergebener so ziemlich das Gegenteil vom Traum der Selbstverwirklichung bedeuten, weicht man aus auf den unverbindlichen Begriff Mitarbeiter.

SELBSTVERWIRKLICHUNG

Der Vorgesetzte ist also der Mächtige, der Untergebene muss schlucken, was ihm als Auftrag gegeben wird?

Nochmals: Jeder ist Untergebener – auch und gerade der Vorgesetzte. Er muss seinen Auftrag erfüllen. Der Vorgesetzte ist nur innerhalb seines eigenen Auftrags frei. Macht kommt nicht von machen, sondern von können, vermögen. Je höher ein Vorgesetzter in der Hierarchie aufsteigt, desto grösser wird sein Auftrag – dieser legitimiert zu mehr Macht, weil er ja mehr können, mehr vermögen muss. Damit steigt aber auch der Grad der Unfreiheit. Der einzige Unterschied zum Untergebenen ist, dass der Vorgesetzte einen grösseren Auftrag zu erfüllen hat und damit in der Regel über mehr Mittel – mehr Geld, Mitarbeiter oder eben Macht – zur Erfüllung des Auftrags verfügt. Der Auftrag des Untergebenen ist stets ein Teil des Auftrags des Vorgesetzten, und darum braucht er auch nur einen Teil der Macht.

UNFREIHEIT

KEINE FRAGEN

«Wer jemandem eine Frage stellt, veranlasst den Antwortenden zum Nachdenken, damit er die richtige Antwort geben kann. Das braucht Zeit und Kraft. Das absorbiert Gedanken. Diese Zeit und Kraft fehlen dem Antwortenden dann für anderes. Das Wertvollste für den Führenden ist die Zeit. Sie ist wichtiger als Geld. Fragen Untergebene den Chef um Rat, stehlen sie ihm Zeit, die ihm für Wichtigeres fehlt. Darum sind Fragen an den Chef nicht zulässig, denn sie schwächen die Führung.»
Christoph Blocher

Warum halten sich denn so viele Chefs nicht daran?

Oft ist es Schwäche, oft auch Eitelkeit. Fragen sind nicht nur nicht zulässig, sondern auch nicht nötig.
Das gilt nicht nur für direkte Fragen, sondern auch für all die vielen verdeckten: «Was meinen Sie grundsätzlich zu …?» oder «Chef, Du hast doch immer so gute Ideen, wir sind ratlos, was meinst Du dazu?» und «Könnten wir einmal dieses oder jenes Problem besprechen?».

FRAGEREIEN

Oft fühlen sich Chefs durch solche Fragereien geschmeichelt und lassen sich darauf ein und merken nicht, wie sie ihre ganze Arbeits- und Denkkraft plötzlich auf anderes als ihre Aufgabe lenken – dies oft im Glauben, besonders «sozial» oder Anteil nehmend zu sein. Nein, gute Chefs verbieten Fragen und verlangen Anträge.

Darf ein Untergebener einen Auftrag nicht hinterfragen …?

Wieso soll er diesen hinterfragen? Ausführen muss er ihn.

Vielleicht ist der Auftrag falsch …

Dann ist das nicht das Problem des Untergebenen, sondern des Vorgesetzten. Erachtet der Untergebene den Auftrag als dermassen falsch, dass er diesen zum Beispiel aus Gewissensgründen nicht erfüllen kann, so muss er die Konsequenzen ziehen: Er kann einen Antrag stellen oder muss – wenn dieser nichts fruchtet – den Betrieb verlassen. Daran kann man auch die Ernsthaftigkeit seiner Kritik messen. Und wenn man an Extremsituationen denkt: Im Krieg kann ein Soldat es vielleicht nicht mit seinem Gewissen vereinbaren, einen Auftrag auszuführen. In diesem Fall muss er den Auftrag verweigern und gleichzeitig auch bereit sein, die Strafe auf sich zu nehmen. Derjenige, der stattdessen diesen Befehl ausüben muss, geht ja in den Krieg und nimmt das Risiko in Kauf, dabei getötet zu werden. Darum müssen auch Kriegsdienstverweigerer ihre Strafe auf sich nehmen. Wer in einem Unternehmen glaubt, einen Auftrag nicht ausführen zu können, muss in Kauf nehmen, die Stelle wechseln zu müssen!

EXTREMSITUATIONEN

Im Berufsleben ist der Spielraum doch viel grösser.

Sobald man einen Auftrag hinterfragen lässt, nimmt man diesen nicht mehr ernst. Ein Untergebener muss seinen Auftrag vollständig ausführen. Sieht er aber, dass man im Interesse des Ganzen etwas ändern müsste, geht er zu seinem Chef und stellt diesem einen Antrag. In diesem Antrag umschreibt er erstens seinen Auftrag, zweitens das Problem und drittens verschiedene Alternativen, wie man dieses Problem besser lösen könnte. Damit gibt er dem Vorgesetzten die Möglichkeit, zwischen verschiedenen Varianten zu entscheiden. Durch dieses System denkt der Untergebene für den Vorgesetzten, nimmt ihm also die gesamte Problemanalyse ab. Dies zeichnet einen guten Untergebenen aus.

ANTRAG

Das haben Sie selbst erlebt?

Das ist mein Alltag. Stellt ein Untergebener eine Frage, antworte ich: «Bitte, stellen Sie mir keine Fragen.» Beim zweiten Mal: «Stellen Sie einen Antrag!» Beim dritten Mal schliesslich reagiere ich unwirsch: «Dem Vorgesetzten Fragen zu stellen ist das Merkmal eines schlechten Mitarbeiters.» So werden Mitarbeiter tüchtig!

DER ANTRAG

«Was ist ein guter Mitarbeiter? Einer, der seine Aufträge immer vollständig erfüllt. Das ist aber nur die eine Hälfte. Ein guter Mitarbeiter erkennt Probleme. Er löst sie im Sinne des übergeordneten Auftrags selbständig, und wenn dies nicht in seine Kompetenz fällt, dann stellt er dem Chef einen Antrag, wie der Chef zu entscheiden hat. Jeder gute Mitarbeiter – sei er Chef oder nicht – zeichnet sich also dadurch aus, dass er
- *Aufträge immer erfüllt,*
- *Probleme erkennt und diese selbständig löst*
- *und gute Anträge stellt, wenn er nicht kompetent ist, selbst zu handeln.*

Für den Vorgesetzten gilt zusätzlich, dass er gute Aufträge erteilen kann. Das konsequente Fordern von Anträgen auf jeder Stufe und vor allem im Alltag erhöht die Führungsfähigkeit und Führungskraft des Vorgesetzten enorm.»
Christoph Blocher

Was bezwecken Sie mit dem Antrag?

Nehmen wir beispielsweise einen Unternehmer, der zehn Mitarbeiter beschäftigt, die ordnungsgemäss Anträge stellen und nie fragen. Dies verzehnfacht die Führungskraft des Unternehmers. Er gewinnt dadurch zehn Mitarbeiter, die sich in seine Problemwelt hineindenken, für ihn Probleme erkennen, analysieren und Lösungsvarianten ausarbeiten und bewerten. Dadurch wird der Untergebene zum Chef. Natürlich muss der Untergebene aber auch in Kauf nehmen, dass der Vorgesetzte seinen Antrag ablehnt oder zur Weiterbearbeitung zurückgibt. Dann darf für ihn seine Welt nicht zusammenbrechen. In solchen Situationen zeigt sich, ob man gute Mitarbeiter hat oder nicht.

Nehmen wir aber an, diese zehn Mitarbeiter führen wiederum zehn Mitarbeiter und diese stellen gute Anträge. Die Führungskraft wird – etwas vereinfacht gesagt – hundertfach!

Aber wie gewährleisten Sie, dass Ihre Mitarbeiter in den Problemen, zu denen sie einen Antrag stellen, überhaupt kompetent sind?

Für einen Antrag stellt sich die Frage der Befugnis oder der gegebenen Kompetenz nicht.

KOMPETENZ

Jeder Unternehmer muss selbst entscheiden, wie viel Kompetenz er seinen Angestellten zutrauen kann. Ich persönlich halte meine Mitarbeiter im Zweifelsfall immer für kompetent. Auf den Einwand eines Untergebenen, was geschehe, wenn er trotzdem einen Fehler mache, antworte ich: «Dann müssen Sie die Verantwortung tragen. Aber Sie dürfen keinen Fehler machen!» Würde ich antworten: «Ja dann bricht die Welt auch nicht zusammen», so nähme ich das Gesagte nicht ernst. Wenn ich meinen Mitarbeitern schon die Möglichkeit gebe, aktiv mitzudenken, sollen sie diese Chance auch nutzen und aktiv mitdenken. Dies ist meine Haltung dem Mitarbeiter gegenüber. Für mich aber ist klar: Nach aussen bin ich für alles, was meine Mitarbeiter falsch machen, verantwortlich.

Dies führt doch zur Verunsicherung des Mitarbeiters …

Im Gegenteil. Er weiss, der Chef trägt nach aussen die Verantwortung. Dem Chef gegenüber trägt er sie. Das muss man nicht lehren, das spüren die Mitarbeiter. Das Abschieben von Unzulänglichkeiten nach oben hat keinen Platz. Das Abschieben nach unten aber auch nicht. Gute Mitarbeiter wollen solche Verantwortungen. Andere nicht, die verlassen das Unternehmen oder treten gar nicht ein.

Was dulden Sie bei Ihren Mitarbeitern nicht?

DRÜCKEBERGER

Schlechten Charakter, Nachlässigkeiten; Drückeberger, Heuchler, Egozentriker, die überall sich selbst statt die Arbeit und den Erfolg sehen, haben keinen Platz. Dann gibt es Mitarbeiter, die den Auftrag nicht erfüllen können, weil es an der Fähigkeit fehlt. Diese sind falsch eingesetzt. Versetzung oder Trennung muss die Folge sein. In den meisten Fällen realisieren diese Mitarbeiter dies selbst. Diese stark auftragsorientierte Führung, die strenge Massstäbe stellt an die Auftragserfüllung und die Führung durch Antragstellung, bietet aber den Mitarbeitenden viel Freiraum. Und ein Maximum an echter Mitbestimmung, ja Mitentscheidung.

MITBESTIMMUNG

Oft höre ich den Vorwurf, ich sei gegenüber den «Unteren» viel nachsichtiger als gegenüber den «Oberen». Das ist richtig. Aber diese Haltung hat keine sentimentalen Gründe, sondern ergibt sich aus dem Auftrag. Erfüllt ein Schichtarbeiter seinen Auftrag mangelhaft, so ist dies schlecht, aber das Unternehmen bricht deswegen nicht zusammen. Die Unfähigkeit eines Firmenchefs kann jedoch rasch zum Niedergang des Ganzen führen. Er ist für das Ganze verantwortlich. Es gibt keine schlechten Mitarbeiter, es gibt nur schlechte Chefs! Darum hat man an die Vorgesetzten strengere Massstäbe anzulegen als an dessen Untergebene.

Dann betrachten Sie die Arbeit eines Untergebenen als weniger wertvoll als diejenige eines Vorgesetzten?

Nicht als weniger wertvoll, sondern weniger bedeutungsvoll für das Erreichen des Ziels. Auf die Vorgesetzten kommt es an: Gute Chefs sorgen auch für gute Mitarbeiter. Des-wegen verdient ein «Höhergestellter» auch mehr! Wenn ein 60-jähriger Arbeiter die Leistung nicht mehr voll erbringt, so kann ich ihn bis zur Pensionierung weiterbeschäftigen. Vielleicht ist dies mühsam, aber möglich. Ist hingegen ein Manager aus irgendeinem Grund nicht mehr leistungsfähig, muss er ausgewechselt werden. Und zwar rasch.

Gerade bei der Verwaltung dürfte es deswegen viele Probleme geben, da viele Beamte unkündbar sind. Was geschieht mit einem Beamten, der seinen Auftrag nicht erfüllt?

Ich verlange nicht, dass jedem, der einen Auftrag einmal nicht erfüllt, gekündigt wird. Korrekturen kommen zuerst. Aber wenn alles nichts nützt, dann muss gehandelt werden. Es stimmt schon: In der Verwaltung ist das nicht so einfach. Das Personalrecht des Bundes stellt die persönliche Befindlichkeit oft über die Auftragserfüllung. Weil der Bürger das daraus resultierende Defizit durch hohe Steuern deckt, geht das. Ein privates Unternehmen würde Konkurs machen. Aber trotz gut ausgebautem Kündigungsschutz ist auch beim Bund eine Kündigung wegen ungenügender Leistung nicht ganz ausgeschlossen. Es ist jedoch ausserordentlich selten, dauert lange und ist teuer.

KÜNDIGUNG

Das halten Sie für problematisch?

Ja, weil in langen Verfahren die Unfähigkeit bewiesen werden muss. In der Marktwirtschaft ist es einfacher. Es gibt Konkurrenz. Nur wenn man besser ist als diese, kann man bestehen. Aber beim Staat? Wie will man feststellen, ob ein Amt besser arbeitet als ein anderes, wenn es doch nur eines gibt?

Jetzt konkret: Was passiert, wenn jemand den Auftrag nicht erfüllt?

Ich rede jetzt generell vom Bund. Für eine Kündigung beim Bund braucht es viel mehr Aufwand, weil man gesetzlich vorgesehene Gründe nennen muss. Dazu benötigt man schriftliche Beweismittel (Ermahnungen, schriftliche Feststellungen, Einträge im Personaldossier usw.). Manche scheuen diesen Führungsaufwand. Begreiflich, denn für das Führungsklima ist es natürlich nicht förderlich, wenn man bei jedem Fehler schriftliche Beweismittel ins Dossier legen muss. Das vergiftet das Zusammenarbeitsverhältnis!

Wie reagieren Sie, wenn Sie selber vom Bundesrat einen Auftrag bekommen, den Sie nicht unterstützen können?

Zunächst stelle ich im Bundesrat den Gegenantrag. Ich verteidige meine Meinung. Unterliege ich, gilt die Auffassung der bundesrätlichen Mehrheit. Wäre diese so ungeheuerlich, dass ich die Ausführung nicht verantworten könnte, müsste ich zurücktreten. Einen solchen Fall hatte ich bis anhin nicht.
Praktisch stellte sich mir dieses Problem in den achtziger Jahren innerhalb der Partei. Die Ausrichtung der Partei war unklar. Ich stand oft allein mit meinem Kurs, bis sich dieser – zuerst in der Zürcher Partei – dann in den neunziger Jahren in der ganzen Partei vollends durchsetzte. Hätte die Schweizerische Volkspartei einen anderen Weg gewählt, der meiner Überzeugung widersprochen hätte, so wäre ich ausgetreten und hätte eine eigene Partei gegründet.

ÜBERZEUGUNG

Konkret bedeutet das, dass jeder Mitarbeiter, der einen Auftrag nicht erfüllen will, seinen Job wechseln muss …

… oder der Chef muss sich von ihm trennen. Diese Ausgangslage stellte sich auch bei der Swisscom-Debatte im Winter 2005. Der Bundesrat hatte die Auffassung, dass der Kauf der irischen Kommunikationsgesellschaft Eircom ein finanzpolitisches Abenteuer sei, welches die mehrheitlich dem Bund gehörende Swisscom in den Abgrund gezogen hätte. Die Befürworter dieses Kaufs drohten damit, dass der damalige CEO Jens Alder seine Kündigung einreichen werde, falls er Eircom nicht kaufen könne. Die Antwort meinerseits war klar: «Eine solche Haltung ist nichts anderes als konsequent. Wenn jemand die Strategie seiner Vorgesetzten nicht erfüllen will oder kann, so muss man sich trennen.» So ist es auch gekommen: Der Bundesrat als Eigentümer setzte sich durch, die Führung der Swisscom trat zurück, die neue Führung ist überzeugt vom neuen Kurs. Dieses Vorgehen ist nur möglich, wenn man bereit ist, Verantwortung zu tragen!

Wie weit wenden Sie dieses Prinzip bei sich selbst an?

Würde die offizielle Politik dauernd schwerwiegende Fehlentscheide fällen, die ich unmöglich vertreten könnte, müsste ich mein Amt niederlegen und in die Opposition gehen.

OPPOSITION

Wo liegt Ihre persönliche Schmerzgrenze?

Das ist die Dauerfrage. Entscheidend ist für mich, wie ich unserem Land am meisten nützen kann. In der Regierung oder in der Opposition? Würde der Weg in die EU gewählt oder der Weg des Sozialismus beschritten, wäre wohl mit der Opposition und der direkten Demokratie mehr zu erreichen. Ich habe lediglich zwei Möglichkeiten, mich für eine gute Politik einzusetzen: entweder in der Regierung oder in der Opposition. Ich ziehe immer wieder Bilanz und frage mich ernsthaft, in welcher Position ich mehr bewirken kann. Diese Bilanz fällt immer mehr zugunsten des Regierungsamtes aus.

REGIERUNGSAMT

Warum?

Vieles hat sich zum Positiven verändert: Das Kostenbewusstsein im Staat, das zwar immer noch ungenügend ist, aber weit besser als früher. Man denke nur an die Offenheit gegenüber Missständen in der Asyl- und Ausländerpolitik, in der Bildung, in der Finanzpolitik, gegenüber Missbräuchen im Sozialwesen. Es darf endlich darüber gesprochen werden. In die EU will heute weder der Bundesrat noch die Mehrheit des Parlaments, noch die Wirtschaft. Ob dies trotz oder wegen meines Einsatzes in der Regierung ist, lassen wir hier offen.

Wie war denn das mit der Auftragserfüllung beim Schengen-Beitritt?

Persönlich war ich gegen das Schengen-Abkommen, das wusste jeder, weil ich diese Haltung schon vor Eintritt in den

Bundesrat klar vertreten hatte. Nach dem Entscheid des Gesamtbundesrates wusste ich aber, dass dieses Vertragswerk nun umgesetzt werden muss. Da dies auch mein Departement betraf, setzte ich mich gegen meinen persönlichen Willen für das Schengen-Abkommen ein. Zusammenfassend heisst das, sobald ich einen Auftrag erhalten habe, torpediere ich diesen nicht mehr und hinterfrage auch nicht mehr, ob er richtig sei.

Trotzdem haben Sie das Schengen-Abkommen in Ihrer vieldiskutierten Rede zum 60. Jahrestag des Kriegsendes im zürcherischen Rafz im Frühjahr 2005 hart attackiert …

Das entspricht nicht der Wahrheit und kann nachgeprüft werden. Man muss sehen, dass es in der Übergangszeit vom Oppositionspolitiker zum Regierungsmitglied nicht leicht ist, die eigene Auffassung nicht durchblicken zu lassen. Bis ich in den Bundesrat gewählt wurde, kämpfte ich gegen Schengen. Dann kam der Bundesratsentscheid. Pflichtgemäss vertrat ich mit anderen Bundesräten an einer Pressekonferenz den befürwortenden Standpunkt des Bundesrates. Ich fiel allerdings aus allen Wolken, als der damalige Bundespräsident Deiss wahrheitswidrig behauptete, die Teilnahme der vier Bundesräte an besagter Pressekonferenz belege die Einmütigkeit des Bundesrates in dieser Sache. Deiss setzte auf meine Anständigkeit und rechnete damit, dass ich ihm nicht öffentlich widersprechen würde. Während der Pressekonferenz habe ich denn auch geschwiegen. Doch einen solchen Missbrauch des Amtsgeheimnisses wollte ich ein für alle Mal unterbinden. Darum meine klare Feststellung an der besagten Feier, dass der Entscheid im Bundesrat nicht einstimmig gefallen sei. Was wenigstens der Wahrheit entsprach!

ANSTÄNDIGKEIT

SACH-, NICHT MENSCHENBEZOGENE FÜHRUNG

«Erfolgreiche Führung ist auftragsorientiert. Von menschenorientierter Führung, die den Mitarbeiter – letztlich aber auch einen selbst – in den Mittelpunkt stellt, halte ich nichts. Weder in Wirtschaft, Politik noch Armee.»
Christoph Blocher

Warum legen Sie solchen Wert darauf?

Heute weiss ich: Nur die auftragsbezogene Führung ist wirklich erfolgreich. Der Auftrag steht stets in einem übergeordneten Interesse. Das ist beispielsweise der Erfolg eines Unternehmens; in einer Familie die Erziehung der Kinder, im Staat das Wohl des Landes, im Militär die Verteidigung der staatlichen Existenz. Wer den Menschen, das heisst den Mitarbeiter und letztendlich sich selbst, in den Mittelpunkt stellt, vernachlässigt diese Interessen. So lebt der Unternehmer plötzlich nur noch vom Unternehmen statt für das Unternehmen. Vater und Mutter verwirklichen sich selbst auf Kosten der Erziehung der Kinder. Man stellt die Mitarbeiter und deren Wohl in den Mittelpunkt, und das Unternehmen erleidet Schaden. Politiker verschenken Geld «zum Wohl von Menschen» – in erster Linie zum Wohl von sich selbst – und schwächen so das Land.
Auftragsbezogene Führung verhindert Vetternwirtschaft, Filz, falsche Rücksichtnahme. Das Betriebsklima wird wohltuend echt. Vorgesetzte und Untergebene werden berechenbar. Ein Höchstmass an Eigeninitiative – immer auftragsbezogen – wird möglich. Man kann viel Freiraum geben, denn dieser wird auftragsgemäss, nicht menschenorientiert genutzt. EIGENINITIATIVE
Das hat Konsequenzen in der Organisation: Man bildet selbständige Bereiche mit viel Eigenverantwortung. Darum führte ich als Unternehmer stets mit vielen Profit-Centern. Jeder

wird zum Unternehmer. Was zählt, sind Ergebnisse, zum Beispiel der Gewinn. Das ist der Auftrag.

Wodurch zeichnet sich sachbezogene Führung aus?

Durch die Konzentration auf den eigenen Auftrag. Auftragsbezogenheit ist eine Kultur, die sich aus der strengen Bindung an den Auftrag ergibt. Da ist wenig Raum für Sachfremdes, wenig Raum für Intrigen, für Eigenprofilierung, für Bluffer usw. Die Kultur der Auftragsbezogenheit erlaubt, Probleme vertieft anzugehen. In einem solch sachbezogenen Umfeld können Ziele emotionslos geprüft und kontrolliert werden.

Warum führen Sie nicht menschenbezogen? Haben Sie Menschen nicht gern?

MENSCH IST MITTEL

Im Gegenteil. Ich habe sie ausgesprochen gern und interessiere mich auch stets für ihr Wesen. Gut führen kann man nur, wenn man die Menschen gern hat. Die Frage ist: Welche Funktion hat der Mensch in der Auftragserfüllung? Der Mensch ist ein Mittel, nicht der Zweck der Auftragserfüllung, sei es als Vorgesetzter oder als Untergebener. Wer den Menschen in den Mittelpunkt stellt, stellt ein Hilfsmittel in den Mittelpunkt. Damit gibt man sich zwar edel, stellt sich aber letztlich selber in den Mittelpunkt. Wir Mitarbeiter sind ein Mittel zur Auftragserfüllung, so wie die Finanzen auch ein solches Mittel sind. Wenn ich das Geld, das ich ebenfalls zur Auftragserfüllung brauche, in den Mittelpunkt stelle, ist dies auch falsch. Kein Mittel darf zum Selbstzweck werden. Interessanterweise nennen sich die Personaldienste beim Bund, die sich mit den Mitarbeitern – also den Menschen – befassen, «Human Resources». Die Finanzen sind die «Financial Resources». Es sind eben «Resources».

Das tönt doch sehr salopp, der Mensch sei nur ein Mittel zum Zweck …

Ich hatte und habe damit keine Mühe. Die Frage stellt sich nämlich zuallererst mir selbst: Bin ich der Zweck der Führung oder ein Mittel zum Zweck? Ob ich als Bauernknecht, als Sekretär, als Manager, als Unternehmer, als Offizier, als Abgeordneter – Kantons- beziehungsweise Nationalrat – oder ob ich als Bundesrat arbeitete beziehungsweise arbeite, ich war und bin stets Mittel zum Zweck. Als Bundesrat bin ich ein Mittel, das dafür sorgt, dass es dem Land gut geht, das heisst ein Mittel zum Wohle unserer Bürger und Bürgerinnen. Was soll denn daran salopp sein? Gerade die Chefs müssen sich immer wieder darüber im Klaren sein, dass auch sie nur ein Mittel sind. Natürlich wird man nur Mittel sein wollen, wenn das Ziel, der Zweck stimmt. Darum muss sich halt jeder überlegen, für welches Unternehmen oder für welchen Staat und für welche Aufgaben er sich hingeben will.

Das muss ein Beamter als Provokation empfinden …

Wo jahrelang Orientierung am Menschen und Selbstverwirklichung gepredigt wurden, mag das schon nach Provokation klingen. Um ja nicht anzustossen – denn es widersprach lange Jahre dem Zeitgeist –, scheute man sich oft, den Mitarbeiter klar als Mittel zu bezeichnen. Wer dies tut, gilt bei vielen – und vor allem in der Verwaltung – als unmenschlich. Es «mänschelet» halt vielerorts. Als ich an einem Seminar einen Teilnehmer fragte, ob er einverstanden sei damit, dass der Mensch ein Mittel zum Erreichen eines Zwecks sei, schüttelte er den Kopf. Auf seinem Namensschild stand aber «Chief Human Resources». Ich forderte ihn auf, er solle mir doch einmal seine Funktion übersetzen: Er übersetzte «Chef der menschlichen Mittel». Die Dinge sehen, wie sie sind, schärft den Blick für die Wirklichkeit und für das zu allen Zeiten Gültige.

ZEITGEIST

Was verstehen Sie darunter?

Zum Beispiel den Begriff Arbeit. Den gab es schon immer und wird es immer geben als Voraussetzung für den Broterwerb. Arbeit ist sogar eine biblische Verheissung. «Im Schweisse Deines Angesichts wirst Du Dein Brot essen.» Das heisst, du wirst arbeiten müssen, aber du wirst – und dies vor allem! – dein Brot essen. In den dekadenten achtziger und neunziger Jahren predigten Ethiker und Theologen im sozialen Grössenwahn die «postindustrielle Gesellschaft», die ohne Arbeit auskomme. Sie verkündeten eine illusionäre, arbeitslose, neue Weltordnung, in der drei Viertel der früheren Arbeitszeit für gemeinnützige Tätigkeiten verwendet werden könnten (was ja wohl auch Arbeit wäre, wenn sie auftragsbezogen gemeint wäre). Nein, Arbeit ist die Voraussetzung für das Überleben, für das Leben überhaupt.

VERANTWORTUNG

Ebenso wird Verantwortung für das Funktionieren einer Gemeinschaft ein immer gültiger Wert bleiben.
Auch Konzentration ist eine dauernd gültige Erfolgsvoraussetzung, ist aber eines der am häufigsten verletzten Führungsprinzipien.

Das gilt auch für den Bundesrat?

Natürlich.

Sie suchen immer nach dem Grundsätzlichen?

Ja. Sobald man sich an das Grundsätzliche hält, wird alles einfacher.

DER CHEF GEHÖRT DORTHIN, WO ER AM MEISTEN EINFLUSS HAT

«Der Chef ist dort, wo er am meisten Einfluss nehmen kann. Doch dies ist nicht zwingend: Es gibt Situationen, in denen Zurückhaltung verlangt ist und seine Anwesenheit stört. Als Vorgesetzter gilt es ständig zu entscheiden, was wichtig ist und was nicht.»
Christoph Blocher

Das tönt banal …

Aber deswegen ist es nicht falsch. Unzählige Vorhaben sind allein deswegen gescheitert, weil sich die Vorgesetzten nach erfolgter Planung zu wenig überlegt haben, wo und vor allem wie sie ihren Einfluss während einer laufenden Aktion am besten geltend machen können. Für diese Umsetzungsphase spricht Churchill vom Chef als «Foxterrier», der dauernd «dem Knochen» hinterher ist. Der Chef verfolgt den Ablauf und greift ein, wenn er eine Abweichung feststellt. Zur richtigen Zeit am richtigen Ort zu sein oder eben zur richtigen Zeit dort nicht zu sein ist eine hohe Kunst.
Doch zugegeben, wenn ich auf Führungserfolge zurückblicke, sage ich mir: Zum erfolgreichen Führen gehört auch Glück. GLÜCK

Glück, was bedeutet das?

Mit dem unbestimmten Begriff Glück will man ja sagen, dass das Wesentliche nie aus einem selber kommt. Es wird einem geschenkt, ohne unser Zutun. Glück, Schicksal, Vorsehung gehen alle in die gleiche Richtung.
Es ist entscheidend, dass wir für die wesentlichen Dinge «nichts dafürkönnen». Man denke nur an sein persönliches Leben: Ich kann doch nichts dafür, dass ich geboren wurde.

Wie steht es mit anderen Dingen? Eine ernüchternde Feststellung lautet: «Dem Tüchtigen lacht das Glück.» Das stimmt meines Erachtens. Den Umkehrschluss, dass, wer kein Glück hat, nicht tüchtig ist, den wage ich nicht zu ziehen.

Hatten Sie bei Ihren wichtigen Entscheidungen einfach Glück?

INTUITION

Glück, Zuversicht oder auch Intuition – all das hatte ich bei wichtigen Entscheiden. Rückblickend kann ich dies beurteilen. Bei grossen Entscheiden habe ich intuitiv entschieden. Das Vertrauen in den Lauf des Lebens gehört in diese Zuversicht. Man kann es auch Gottvertrauen nennen.

Kann man das Glück erzwingen?

Nicht gerade erzwingen, aber suchen und erkennen. Dies benötigt aber die Bereitschaft, während des Führungsprozesses präsent zu sein. Vor allem in schwierigen Situationen, wenn zum Beispiel eine Kompanie einen Fluss überqueren muss, ist es selbstverständlich, dass der Verantwortliche an der entscheidenden Stelle ist. Beim Bau einer grossen Fabrikanlage in China wurden die Maschinen einmal in einem falschen Hafen abgeladen: Es entstand ein völliges Durcheinander. Der zuständige Direktor entschied am Wochenende, unverzüglich dorthin zu fliegen, und rettete dadurch die Situation. Andere Firmen, denen das Gleiche passierte, taten nichts. Die Ware war danach verschwunden. Damals hiess es in der Branche: EMS hat immer Glück! Nur dank Glück, aber an Ort und Stelle, konnte der Direktor mit allerlei Tricks die Situation retten und den vereinbarten Übergabetermin einhalten.

Muss dieser Standort zwingend «vor Ort» sein?

Nicht immer. Manchmal muss man aus der Ferne führen. Aus dem Büro, dem Hotel oder anderswo her. Von Vorteil ist aber jener Platz, wo der Chef bei Bedarf entscheidenden Einfluss nehmen kann. Wer glaubt, man könne stets nur im komfortablen Sitzungszimmer führen, ist im Irrtum.

Aber diese Maxime versetzt den Vorgesetzten in permanente Bereitschaft …

Natürlich. Ich muss bereit sein, die Chance jederzeit zu packen. Einer meiner Führungsgrundsätze lautete etwas überspitzt: Aus jeder Katastrophe eine Goldgrube machen. Das entspricht dem Lebensprinzip, ausgedrückt im Sprichwort: «Neues Leben blüht aus den Ruinen.» Wenn man die Augen offenhält, wird man dies auf Schritt und Tritt erkennen.

AUS DER KATASTROPHE EINE GOLDGRUBE

Bei wichtigen, komplexen Projekten ist in der Umsetzungsphase permanente Bereitschaft nötig. Natürlich, je besser eine Sache vorbereitet ist, desto weniger trifft Unerwartetes ein. Wer immer nur den Auftrag im Visier hat, bereitet sich auf Eventualitäten vor. Man wird nicht von Nebensächlichkeiten – in der Politik zum Beispiel von Intrigen, Presseartikeln, ungerechtfertigter Kritik – abgelenkt. Wer aber menschenorientiert führt, beginnt sich plötzlich um «Menschliches» zu kümmern, glaubt, helfen und «sozial» sein zu müssen, ein «guter Mensch» …

Aber das ist doch eine edle Tugend …

Ist das so sicher? Meist läuft es auf das Gegenteil hinaus. Eine noble Gesinnung nach aussen entspringt oft einer im Grunde egozentrischen Haltung. Darum wird auch so oft davon geredet, das soziale Engagement so gerne an die grosse Glocke gehängt. Gerade in einer Zeit, wo der Helfende stets als guter Mensch bezeichnet wird, sind Fragezeichen angebracht. Zweifelsohne gibt es in der Führung Situationen, in denen man helfen muss. Doch man muss den Untergebenen auch etwas zumuten. Jede Schwierigkeit abnehmen, stets helfen wollen schwächt das Selbstvertrauen, und die Untergebenen fühlen sich schliesslich nicht vollwertig. Viel häufiger muss man sich

EGOZENTRISCHE HALTUNG

gerade dazu zwingen, nicht zu helfen: Das überall leichtfertige Helfen ist Mode geworden. Gerade im Sozialbereich oder in der Kindererziehung wird durch das Helfenwollen sehr viel zerstört. Bei Politikern gehört es zum guten Ton, stets helfen zu wollen. Natürlich immer mit fremden Geld. Alle wollen sie helfen, das heisst Schwierigkeiten abnehmen, sogar den Unternehmern – was ein Widerspruch in sich selbst ist.

Weshalb?

RAHMENBEDINGUNGEN

Ein Unternehmer zeichnet sich aus durch Selbständigkeit, er nutzt die gegebenen Rahmenbedingungen für seine Tätigkeit. Wenn man ihn mit Geld unterstützt, verändert man diese Rahmenbedingungen nur für ihn allein künstlich. Man ermöglicht ihm, etwas zu tun, was sonst keine Überlebensfähigkeit hätte. Und schwächt gleichzeitig den, der auf eigenen Füssen stehen muss.

Da geht es aber nicht um Kredite?

Nein, Kredite sind ja keine Geschenke, die muss man verzinsen und zurückbezahlen. Kreditnehmer und Kreditgeber sind Geschäftsleute. Keiner schenkt dem anderen etwas.

Und wenn ein Unternehmer Probleme hat?

Dann muss er sie lösen. Ist er unfähig, kann er das Unternehmen vielleicht an jemanden veräussern, der fähig ist. Ist die Sache hoffnungslos, muss man schliessen. Wenn man anfängt zu helfen, entlässt man den Unternehmer sehr schnell aus der Verantwortung.

Und wenn ein Untergebener Probleme hat?

Die Untergebenen suchen natürlich schnell die Hilfe von oben. Das ist bequem. Sie merken, dass dann ein anderer die Verantwortung tragen muss. Dem Untergebenen etwas zumuten, von ihm fordern ist bedeutungsvoller. Er kann in der Regel mehr ertragen, als er sich zugesteht. Wie oft höre ich von Bundesämtern – vor allem wenn sie etwas falsch machen –, dass der Bundesrat das so beschlossen habe. Dabei haben sie einfach ihr Problem hinaufgetragen, und der Bundesrat hat es für sie gelöst und in ihrem Sinn entschieden. Wer die Probleme der Untergebenen löst, muss sich nicht wundern, wenn die Untergebenen unselbständig und bequem werden.

Angenommen, ein Untergebener hat ein Drogenproblem. Ist der Vorgesetzte verpflichtet, ihm zu helfen?

Wenn ein Mensch so schwach ist, dass er sich selber nicht mehr helfen kann, dann muss man helfen. Das ist eine fürsorgliche Leistung. Ich hielt stets die patronale Führung hoch. Als Vorgesetzter ist man auch für die Untergebenen verantwortlich. Dazu gehört in Extremsituationen auch die Fürsorge. Das sind aber nicht die Haupttätigkeiten des Chefs. Oft klagen Leute über Lasten, die sie tragen können und müssen, also zum Beispiel über Arbeitszeiten, Belastungen in ausserordentlichen Situationen, zu kurze Ferien usw. Für auftragsbezogene Leute ist dies Nebensache.

PATRONALE FÜHRUNG

Das kleine Einmaleins der Führung – das man schon jungen Unteroffizieren eintrichtert –, «kommandieren, kontrollieren, korrigieren», zwingt eben auch, die Menschen zu kontrollieren. Man kontrolliert, was der Untergebene macht, damit man ihn, wenn er «vom Gleis abcho isch», wieder «ufs Gleis» stellen kann. Dieser akzeptiert diese Kontrolle, wenn sie dazu dient, das Ziel zu erreichen, das heisst den Auftrag zu erfüllen. Gerade bei diesen Kontrolltätigkeiten erkennt man oft, wenn ein Mitarbeiter in einer persönlichen Not steht. Also Alkohol-, Drogen-, Ehe- oder andere Probleme hat. Dann schaut man, dass diese gelöst werden.

KONTROLLIEREN

Bei Ihrem Amtsantritt wunderte sich der «Tages-Anzeiger», dass Bundesrat Blocher die Zeit finde, «die Präsenz seiner

Amtssoldaten in den Bürokommandoposten persönlich zu prüfen».

Diese Äusserungen stammen von jemandem, der nicht weiss, worauf es in der Führung ankommt. Nämlich auch auf die Details!

KOMMUNIKATION

Eine wesentliche Voraussetzung ist die Verbindung zwischen Personen. Nach innen und nach aussen. Oder, wenn Sie das Modewort bevorzugen: Es kommt auf die Kommunikation an. Bin ich erreichbar? Wer als Chef oder als Untergebener nicht «gefunden» werden kann, ist entweder ein Egoist oder ein Schlendrian. Ich habe in meinen ersten Amtstagen wiederholt versucht, wichtige Kadermitarbeiter und Schlüsselpersonen telefonisch zu erreichen. Leider erfolglos. Nicht einmal die Sekretärin wusste, wo sich der eigene Chef aufhielt und wann er wieder zurück sein würde. Oft klingelte das Telefon ununterbrochen, ohne dass sich jemand meldete. Da ist erfolgreiche Führung unmöglich. Man «schwafelt» dauernd von Teamarbeit und verhält sich wie eine Einzelmaske. Darum habe ich das unverzüglich abgestellt. Die Verbindung nach oben und nach unten – aber auch zur Seite hin – ist ein unerlässliches Mittel erfolgreicher Führung. Es braucht nicht viel, damit es klappt: Ein bisschen Selbstdisziplin und etwas weniger Ich-Bezogenheit.

Ist das nicht eine Schikane?

Für jemanden, der sich nicht in den Dienst der Sache stellt, vielleicht. Das sagt jedoch mehr über ihn aus als über den Kontrollierenden. Für die Verwaltung ist es nicht nur ein Führungserfordernis, sondern auch ein Dienst am Bürger. Der Bürger, der Auskünfte braucht und in dessen Dienst die Verwaltung stehen sollte – der Bürger bezahlt ja hohe Steuern dafür –, hat Anrecht auf die Erreichbarkeit der Verwaltung.

ERREICHBARKEIT

In unserer Firma musste die Erreichbarkeit stets gegeben sein. Es war vorgeschrieben, wie lange das Telefon maximal läuten durfte, bis es abgenommen wurde. Es gehörte auch zum Aufgabenbereich meines Generalsekretariats, die Erreichbarkeit der einzelnen Direktoren zu überprüfen und notfalls sicherzustellen. Um das festzustellen, wurde jeweils zu unmöglicher Stunde ein Testanruf durchgeführt und damit sichergestellt, dass die Direktoren im Notfall auch erreichbar sind. Wie viele Dinge – vor allem in Notsituationen – sind schiefgelaufen, nur weil so ein kleines Detail wie die Verbindung nicht klappte! Führende haben sich nicht nur mit grossen Strategien zu befassen, sondern auch mit kleinen, oft unangenehmen Dingen. Wer auftragsbezogen führt, der ist sich nicht zu schön, auch dies zu tun!

Was war denn die Folge dieser Aktion?

Zuerst muss die Regel festgelegt werden. Im EJPD zum Beispiel gilt: Sämtliche Mitarbeiter sind während der Arbeitszeit erreichbar. Die Chefs und deren Direktunterstellte sind auch in der Freizeit – also auch nachts, am Samstag und am Sonntag – erreichbar. Selbstverständlich gilt dies auch für mich. Wie funktioniert es, wenn man seinen Arbeitsplatz verlässt? Wie organisiere ich mein Sekretariat? Wer diese Organisation anfänglich als Schikane ansieht, wird bald erfahren: Sie ist auftragsorientiert.
Organisation erfordert etwas Disziplin, aber spart dann viel Zeit. Nach kurzer Zeit funktioniert sie; sie muss natürlich, wie alles, was man anordnet, von Zeit zu Zeit überprüft werden. DISZIPLIN

VERANTWORTUNG TRAGEN

«Verantwortung tragen bedeutet, persönlich die Konsequenzen für Erfolg oder Nichterfolg zu tragen. Das gilt ausdrücklich auch dann, wenn man am Misserfolg keine persönliche Schuld trägt.»
Christoph Blocher

Wie nimmt man Verantwortung wahr?

Verantwortung ist zunächst eine Frage der persönlichen Haltung. Der grosse Soziologe Max Weber spricht hierzu von der Verantwortungsethik. Praktisch erkennt man das Verantwortungsgefühl daran, dass ein Vorgesetzter nicht nur Aufträge gibt, sondern deren Erfüllung garantiert, ja geradezu erzwingt, indem er kontrolliert, ob die Vorgaben eingehalten werden. Er zittert dem Erfolg regelrecht entgegen. Stellt er Abweichungen fest, muss er Änderungen am eingeschlagenen Weg vornehmen, eben korrigieren. Verantwortungsvolle Führungskräfte behandeln Entscheidungen, die sie getroffen haben, genau so wie ein Foxterrier – um beim Bild zu bleiben –, der seine Beute verfolgt: Sie lassen sie nicht mehr los. Nehmen Sie das Ende der Swissair: Es wurde eine Strategie beschlossen, wahrscheinlich eine schlechte, ganz sicher fehlten dann aber die eingehende und schonungslose Kontrolle und
KORRIGIEREN das Korrigieren. Als man das Fiasko bemerkte, war es zu spät.

Also permanente Kontrolle?

Ja, wer führt, kommt nicht darum herum. Ich weiss, das ist mühsam. Der erwartete Erfolg, nicht die Person, wird verfolgt und kontrolliert. Man ist in Sorge: Erreicht man das Ziel oder nicht? Dieses Prinzip erfolgreichen Führens wird häufig missachtet, weil es mühsam ist. Man kennt doch all die faulen Ausreden von Chefs, die den Auftrag nicht ausgeführt haben: «Ich habe es meinem Untergebenen doch gesagt, aber er hat es nicht gemacht!» Dabei interessiert es nicht, was man jemandem gesagt hat, sondern nur, ob man das Ziel erreicht hat. Der Chef hat den Erfolg nicht erzwungen. Wenn man das Ziel schlafend erreicht, kann man sich auch ins Bett legen. Weil das meist nicht funktioniert, muss man am Ball bleiben. In das gleiche Kapitel gehört, dass man auf die Untergebenen schimpft, die Mist gebaut haben. Verboten ist das zwar nicht, aber es entbindet nicht von der Verantwortung.

AM BALL BLEIBEN

Der Chef muss per definitionem Verantwortung tragen. Wo stellen sich dabei die Probleme?

Viele Manager und Politiker sprechen von «Verantwortung tragen», wohl wissend, dass sie diese auch bei einem Missgeschick nie tragen müssen. Das heisst, sie haben keine negativen Folgen zu tragen, wenn etwas misslingt. Ich stellte in den letzten Jahren immer wieder fest, wie der Begriff Verantwortung verwässert wird. Auf vielen Teppichetagen ehemals erfolgreicher Unternehmen fehlt bei Fehlleistungen jegliches Verantwortungsbewusstsein. Es darf nicht sein, dass Manager, die versagt haben, dafür noch Millionenabfindungen bekommen. Dasselbe gilt für abgewählte oder vorzeitig zurücktretende politische Amtsträger. Wer Misserfolg hat, soll nicht nachträglich noch einen goldenen Fallschirm bekommen. Damit schadet man der Gesellschaft als Ganzem. Hingegen bin ich für die Belohnung des Erfolges.

MILLIONEN-ABFINDUNGEN MISSERFOLG

Sie plädieren ausdrücklich dafür, dass der Zuständige auch Verantwortung für jene Fehler übernimmt, für welche er gar keine Schuld trägt?

Ja. Verantwortung ist umfassend zu verstehen. Ich trage die Verantwortung für den Erfolg. Es interessiert nur dieser. Die Begründung des Misserfolgs interessiert nicht. Sonst tritt genau das ein, was man insbesondere bei Politikern immer wieder beobachten kann: das Abschieben von Verantwortung durch das wortreiche Begründen von Misserfolgen. Solche Begründungen fallen oft recht kreativ aus, auch bei denen, die sonst nicht durch besondere Kreativität auffallen. Verantwortung ist unabhängig von Schuld. Die Schuldfrage kann man dem Strafrichter überlassen.

SCHULDFRAGE

An einem Führungsseminar wurden Sie von einer Teilnehmerin gefragt, ob die US-amerikanische Regierung für den Angriff auf das World Trade Center am 11. September auch eine Schuld treffe.

Vielleicht nicht eine Schuld. Aber selbstverständlich die Verantwortung, denn die Regierung ist für die Sicherheit verantwortlich. Dies gilt auch, wenn den Verantwortlichen keine Schuld trifft.

Konkret: Wie kann man bei einem solchen Ereignis, das überhaupt nicht vorhersehbar war, Verantwortung übernehmen?

Eines ist klar: Präsident George W. Bush konnte die Sicherheit der USA hier nicht gewährleisten. Er war aber dafür zuständig, also trägt er die Verantwortung. Obwohl man einwenden kann, dass es nicht voraussehbar war, dass Flugzeuge gekapert werden, die ins World Trade Center fliegen, ist trotzdem er verantwortlich. Denn er ist für die Sicherheit verantwortlich. Das hat er auch anschliessend in erfreulich offener Weise zum Ausdruck gebracht.

Dann hätte er konsequenterweise zurücktreten müssen?

Wenn man gewusst hätte, dass ein anderer Präsident die Verantwortung besser hätte wahrnehmen können – was wohl bei Nachlässigkeit oder schwerem Versagen mit Bestimmtheit hätte bejaht werden müssen –, dann hätte man einen anderen Präsidenten wählen müssen. Das aber war offensichtlich nicht der Fall. Trotzdem muss er die Verantwortung auf sich nehmen, was Präsident Bush getan hat. In diesem Punkt sind die US-Amerikaner konsequenter als wir. Bush sagte sinngemäss: «Das haben wir nicht vorausgesehen. Wir hätten es voraussehen müssen, weil wir verantwortlich sind. Wir müssen schauen, dass wir in Zukunft solch tragische Möglichkeiten voraussehen und ausschliessen können.» Damit hat er dargelegt, dass eine Lücke im ganzen System bestand, für welche er geradestehen musste. Die USA fühlten sich zu sicher.

AMERIKANER

Wie ahndet man einen Misserfolg?

Am besten kommt dies beim Unternehmer selbst zum Ausdruck. Bei Misserfolgen muss er persönlich den Nachteil tragen, denn sein Vermögen, oft seine ganze Sicherheit, steckt im Unternehmen und wird in Mitleidenschaft gezogen.
Beim Angestellten muss der primär Zuständige im Falle eines Misserfolges persönlich verantwortlich gemacht werden. Möglichkeiten sind: Kürzung oder Streichung des Bonus, Salärherabsetzung, Versetzung bis zum Rücktritt oder Entlassung. Die Frage ist bei den Konsequenzen stets: Hätte ein anderer besser gehandelt, oder würde ein anderer besser handeln?

ENTLASSUNG

Welche Konsequenzen würden Sie persönlich bei einer Fehlleistung innerhalb Ihres Departements ziehen?

Bei kleinen Misserfolgen die sofortige Herbeiführung des Erfolges. Bei schwerwiegenden Dingen, die auf Nachlässigkeit, voraussehbaren Fehleinsätzen beruhen, müsste ich zurücktreten, weil ich glaube, dass dies ein anderer hätte besser machen können.

In welcher Dimension müsste dies sein?

Dimensionen zum Voraus bestimmen ist müssig. Aber würde zum Beispiel ein Bundesrat ermordet, weil die Bundessicherheitspolizei, welche mir unterstellt ist, versagt hat, könnte ich mich nicht aus der Verantwortung ziehen und mich auf meine Unschuld berufen. Bestünde die Gewissheit, dass ein anderer Amtsinhaber die Verantwortung für den Bundessicherheitsdienst besser wahrgenommen hätte, dann bliebe nur der Rücktritt als Konsequenz.

Sie haben Ihren Bundesratskollegen Moritz Leuenberger kritisiert, weil er nach dem Flugzeugabsturz im deutschen Überlingen keine persönlichen Konsequenzen gezogen habe. Hätten Sie dies getan?

Nachdem Bundesrat Leuenberger dem Kollegium einen Bericht über den Flugzeugabsturz Überlingen vorgelegt und beantragt hatte, dass sich die Schweiz dafür in Russland entschuldigen müsste, habe ich die Frage aufgeworfen, ob, wenn es so schlimm sei, dass sich ein Staat bei einem anderen entschuldigen müsse – wie im Bericht verlangt –, nicht ein Verantwortlicher hätte die Konsequenzen ziehen müssen. So weit ist die Debatte öffentlich bekannt gemacht worden. Weiter möchte ich als Bundesrat nicht aus dem Gremium heraus schwatzen.

VERANTWORTUNG IST UNTEILBAR

«Gerade in Zeiten, wo jedermann von Teamgeist spricht, ist zu betonen: Verantwortung ist unteilbar.»
Christoph Blocher

Sie glauben nicht an kollektive Führung?

Nein. In guten Zeiten, wenn es auch ohne Führung funktioniert, kann das vielleicht gehen. In schwierigen Situationen ist Führung erforderlich und die Verantwortung klar zuzuweisen.

Wie definiert man den Verantwortlichkeitsbereich?

Man kann ihn nicht selbst definieren. Er wird einem zugewiesen. Verantwortlich ist man stets gegenüber jemandem. Der Bereich hängt mit dem Auftrag zusammen. Verantwortlich ist man stets für eine ganz bestimmte Sache und einen ganz bestimmten Bereich. Zum Glück! Es gibt zwar Menschen, die fühlen sich für alles verantwortlich. Das heisst aber gleichzeitig für nichts.

AUFTRAG

Wie steckt man den Verantwortlichkeitsbereich ab?

Grundsätzlich hat jeder einen Auftrag. Dieser bestimmt auch den Verantwortungsbereich. Je höher die Position, desto umfassender wird dieser Auftrag. Das liegt in der Natur der Sache: Dadurch steigt nicht nur das Salär, sondern vor allem die Last der Verantwortung. Der Chef der Firma ist verantwortlich für die ganze Firma. Die Folgen falscher Entscheide oder schlechter Führung treffen die Firma als Ganzes. Sie kann untergehen mit all den Folgen. Der Mann in der Produktion ist vielleicht zuständig für den Betrieb der Maschinen, seine Verantwortung erstreckt sich nur darauf. Fehler seinerseits

POSITION

sind auch folgenreich, aber weniger schwerwiegend, weil sein Verantwortungsbereich kleiner ist. Daraus folgt eben, dass eine leitende Person schnell untragbar wird, wenn sie den Auftrag nicht erfüllt. Bei einem Untergebenen kann man auch mal ein Auge zudrücken.

KONZENTRATION AUF EINE SACHE

«Muss ich hundert gleichwertige Dinge tun, kann ich jeder Sache nur einen Hundertstel meiner Energie widmen. Mache ich nur eine Sache, so kann ich meine ganze Energie dieser einen Sache widmen, also fliesst in diese Sache hundertmal mehr Energie. Das ist das Geheimnis der Konzentration. Sie ist für den Führungserfolg entscheidend.»
Christoph Blocher

Sie plädieren dafür, sich auf einen Schwerpunkt zu fokussieren. Erhöht das nicht das Risiko des Scheiterns, sollte ausgerechnet jene Sache scheitern?

Bei voller Konzentration auf eine Sache wird das Risiko, dass sie scheitert, kleiner. Wer sich mit hundert verschiedenen Dingen abgibt, mag sich damit trösten, er habe ja noch 99 andere, falls eine Sache scheitert. In der Regel funktionieren aber alle 100 schlecht. Die Erfahrung zeigt, dass Unternehmen, die sich voll auf ihr Gebiet konzentriert haben, erfolgreicher waren als «Gemischtwarenläden», wo man meint, Maschinenfabriken, Banken, Hotels, Versicherungen und anderes mehr gleichzeitig führen zu können. Es gab zwar Jahre – wirtschaftlich gute Jahre –, da predigte man «Diversifikation» und meinte «Risikoverteilung». Am Anfang – weil die Konjunktur blühte – funktionierte das. Sobald die Wirtschaft lahmte – und erst dann zeigt sich die Tauglichkeit einer Strategie –, brach dieses System zusammen. Diversifikationen überfordern die Führung, vor allem die Spitze des Unternehmens. Man muss sich gleichzeitig verschiedenen Gebieten widmen. Aber der Mensch ist beschränkt. Bei zu vielen Gebieten leidet sowohl die notwendige Tiefe in der Bearbeitung als auch der Überblick. Wenn es überall brennt, dann kann man nirgends mehr löschen. Ganz verfehlt ist, zu glauben, man könne die eige-

DIVERSIFIKATION

nen Probleme lösen durch den Erwerb eines anderen Unternehmens – womöglich mit den gleichen Problemen. Das Gegenteil trifft zu! Die Probleme vervielfachen sich. Beispiele gibt es dazu zuhauf. Etwa die Swissair: Statt die eigene Firma zu retten, bluteten die zugekauften diese erst recht aus.
Aus gleichem Grund scheiterte das Konzept Allfinanz. Der Name sagt es schon: Wer alles macht, macht nichts richtig. Das kann nie funktionieren. Darum musste dieses Konzept wieder rückgängig gemacht werden. So gross es angekündigt worden war, so still wurde es begraben.
Anders ist es, wenn man sich auf ein einziges Gebiet konzentriert. Dadurch entgeht man der Gefahr, seine Kräfte zu zersplittern. Darum wurde die Diversifikation abgelöst durch die Fokussierung. Fokussierung tönt etwas gebildeter, meint aber nichts anderes als Konzentration auf die eigene Stärke. Das Abdriften oder Ausbrechen aus dem eigenen Bereich ist besonders in der Politik ausgeprägt. Statt im eigenen Bereich – der durch klare Grenzen gegeben ist – die Probleme zu lösen, weicht man auf das grenzenlose Gebilde der Globalisierung aus. Man diskutiert lieber über Weltklimakatastrophen, über die Hilfe in anderen Erdteilen, nimmt teil an multinationalen Konferenzen, anstatt an Ort und Stelle im eigenen Bereich Verantwortung zu übernehmen. Man dehnt den Verantwortungsbereich aus, dorthin, wo man nicht zur Rechenschaft gezogen werden kann.

GLOBALISIERUNG

Gleichzeitig kann man sich doch auch auf das Falsche konzentrieren?

Diese Gefahr besteht. Doch wer sich voll und ganz einer Sache widmet, läuft weniger Gefahr, dass er sich auf das Falsche konzentriert. Er merkt früher, ob es eine richtige oder eine falsche Sache ist. Nur, wie findet man das «Richtige»? Man muss sich stets auf die Stärke konzentrieren. Diese Antwort ist zu vertiefen. Wo habe ich eine Stärke? Das heisst: Wo bin ich anders und besser als die Konkurrenten? Ist diese Stärke auf dem

Markt gefragt? Werfe ich dann all meine Kraft und die all meiner Mitarbeiter, alles Geld und alles, was ich habe, auf diese Stärke, bin ich erfolgreich. Mit aller Kraft die Stärke meiner Position pflegen ist erfolgreicher als Schwächen ausmerzen. Unser Erfolg bei EMS beruhte auf der Konzentration auf die polymeren Werkstoffe. Hier sah ich in sehr schwieriger Zeit eine Stärke. Die wirtschaftliche Entwicklung gab uns recht. Die Gewinn- und Aktienkursentwicklung der EMS war wesentlich besser als die der Konkurrenten, welche sich in vielerlei Geschäftsfeldern versucht hatten.

Das tönt doch sehr theoretisch. Oftmals ist das Schlechte gar nicht von Beginn an erkennbar?

SELBSTKRITIK

Von Beginn her vielleicht nicht, aber nach gründlicher Analyse und sehr viel Selbstkritik. Je mehr man sich vertieft, desto besser erkennt man es. Immer wieder die Erfolgschance erkennen ist für jeden Unternehmer überlebensnotwendig. Dabei ist tröstlich: Ich muss nicht, absolut gesehen, stark sein. Es genügt, wenn ich besser bin als der Konkurrent. Darum ist die Konkurrenzanalyse wichtig. Man muss die Stärken und Schwächen seines Mitbewerbers kennen. Die Erfahrung zeigt: Geht es einem Unternehmen schlecht, hat man Mühe, die eigenen Stärken zu erkennen. Sobald es einem aber gut geht, überschätzt man die eigenen Stärken, was verhängnisvoll sein kann. Der Mensch neigt dazu, jeden Erfolg sich selbst zuzuschreiben. Damit überschätzt man sich und wird nachlässig, geniesst die goldenen Tage, statt sich auf die nächste Rezession vorzubereiten.

BESSER ALS DER KONKURRENT

Wie bereitet man sich auf die Rezession vor?

MARKTWIRTSCHAFT

In der Marktwirtschaft wechseln sich wirtschaftliche Hochs und Tiefs ab. Das ist ein Naturgesetz. Weil man das weiss, gilt es in guten Jahren, die Investitionen eher zurückzunehmen und Reserven anzulegen, in schlechteren gilt eher das Gegenteil. Aber aufgepasst! Diese regelmässigen Rezessionen sind nicht dasselbe wie Einbrüche wegen völlig veränderter Marktsituationen. Ich habe das hautnah erlebt. In den siebziger Jahren war EMS ein Textilfaserunternehmen. Man stellte bereits damals fest, dass die Zukunft der Textilindustrie Asien gehören würde! Es war unschwer festzustellen, dass es dereinst in Europa wahrscheinlich keine Synthesefaserproduktion mehr geben kann, schon gar nicht am bündnerischen Oberrhein. Wenn alle Hemden damals in Taiwan, später in Vietnam und heute vor allem in China hergestellt werden, kann man nicht in Europa Fasern produzieren. Massenkunststoffe, für die das Know-how bei EMS vorhanden war, wurden schon von grossen Unternehmen produziert. Es war schwierig, unsere Stärke zu erkennen. Die Stärke lag schliesslich in der Grösse, oder besser gerade in der Kleinheit des Unternehmens mit seiner hohen Flexibilität, seiner Innovationskraft und der schweizerischen Qualität. Hier waren wir der Konkurrenz überlegen. Also Konzentration auf Spezielles, auf spezielle polymere Werkstoffe.

Die Umstellung brauchte Zeit und Geld. Mit dem Verkauf unseres Know-hows für Synthesefasern und dem Bau von Synthesefaserfabriken in den neuen Textilländern Asiens, das heisst in Taiwan, Korea, Vietnam, Thailand und dann ab den achtziger Jahren vor allem in China, verdienten wir das Geld für die Umstellung auf neue Produkte. Mit einer eigens gegründeten Firma bauten wir zahlreiche Textilfaserfabriken in den heutigen Textilländern. Zwischen 1982 und 2002 waren dies allein in China über 70 grosse Fabriken. Der Wunsch der Auto- und Elektronikindustrie in den hoch entwickelten Ländern Europas, in Amerika und Japan nach billigeren, leichteren Bestandteilen kam uns entgegen. Anfangs entwickelten wir einen Werkstoff, um Stossstangen aus Metall durch solche aus Kunststoff zu ersetzen, dann einen Werkstoff für neuartige Benzinleitungssysteme. Es folgten Entwicklungen von Kunststoffen mit neuen Eigenschaften wie Hitzebeständigkeit oder hoher Elastizität. Da wir flexibel, innovativ und hochqualitativ arbeiteten und für den Kunden weit mehr Problemlösungen als Produkte anboten, blieb der Erfolg nicht aus. Doch vor diesen Erfolgen, Anfang der achtziger Jahre war das Unternehmen dem Untergang nahe. Durchhalten und Konzentration lautete die Devise. Da die Entwicklung neuartiger Kunststoffe viel Spezialwissen, aufwendige Forschungslaboratorien, gezielte Anwendungstechniken usw. benötigte, wussten wir, dass unsere Konkurrenten um einige Jahre im Rückstand sein würden. Bis dann würden wir aber bereits wieder weiter sein. Ich freue mich, dass dieser Führungsgrundsatz – oder hier vielleicht besser Strategiegrundsatz – Schule machte. Nicht nur bei meinen Kindern, die unternehmerisch wirken, sondern auch anderswo. So traf ich 2006 während eines Schottlandurlaubs zufällig einen mir bis anhin unbekannten Textilunternehmer aus dem Appenzellerland. Er bedankte sich bei mir für meine Führungsgrundsätze, die er im Stillen stets anwende. Er habe dank deren Befolgung überlebt. So stelle er heute Produkte her, an die er früher nie gedacht hätte.

Wie sind Sie zu diesen Erkenntnissen gekommen? Ist dies reine Theorie, oder mussten Sie dafür auch Lehrgeld bezahlen?

Ich war zum Erfolg verdammt. Da werden Kräfte freigelegt. Selbstverständlich gilt auch bei mir das Sprichwort: «Durch Schaden wird man klug!». Ende der sechziger Jahre kam ich als junger Halbtagsmitarbeiter nach Domat/Ems. Damals herrschte eine stabile Hochkonjunktur, was zur Expansion verleitete. So baute EMS eine riesige Produktionsanlage für Synthesefasern, ausgerichtet auf den enorm wachsenden Markt. Aber ausgerechnet im Jahr 1974, in dem Jahr, in welchem wir diese Anlage in Betrieb nahmen, überraschte uns die Erdölkrise. Die Wirtschaft, insbesondere die Textilwirtschaft, brach massiv ein. Unsere Produktionsanlage war auch nach zehn Jahren noch nicht ausgelastet. Der Absatz fehlte. Sowohl Rezession wie auch Marktänderung hatten uns gleich doppelt überrascht. Wir waren nicht darauf vorbereitet! Es ist – und

HOCHS UND TIEFS

das ist eine Theorie, die durch die Praxis bestätigt wurde – dem System Marktwirtschaft immanent, dass es Hochs und Tiefs gibt. Warum das so ist? Wenn die Konjunktur gut geht, ist die Nachfrage ausserordentlich gross und das Angebot zu klein. In der Regel expandieren alle Firmen, um die noch nicht befriedigte Nachfrage zu decken. Die Expansionen übertreffen aber diese Nachfrage regelmässig, und so entsteht ein Überangebot. Deshalb folgen nach fetten Jahren die mageren. Das habe ich ganz am Anfang meiner wirtschaftlichen Tätigkeit drastisch und hautnah erfahren. Das Unternehmen stand vor dem Abgrund.

Was bedeutet diese Erkenntnis für einen Unternehmer?

Dazu ein Beispiel: Die Unternehmer A, B und C haben die gleichen Produktionsbetriebe. Jetzt kommt ein Kunde zum Industriellen A, um 1000 Tonnen Material zu kaufen. Dieser kann nicht liefern, weil er ausgelastet ist. Der Kunde bietet für diese 1000 Tonen jeden Preis. Aufgrund dieser Anfrage gehen As Untergebene zu A und fordern ihn auf zu investieren, damit man zu diesen guten Preisen liefern könne. A investiert. Und was tut der Kunde? Er geht zu B, um das gesuchte Material bei diesem zu kaufen. Auch dieser ist ausgelastet und kann nicht liefern, worauf auch dessen Mitarbeiter ihren Chef auffordern zu expandieren. Auch B investiert. Das Gleiche wiederholt sich bei C. Am Ende bauen die drei Unternehmer aufgrund der einen gleichen Nachfrage und aufgrund der gleichen Preiskalkulationen in einem verknappten Markt neue Produktionsanlagen, die alle gleichzeitig in Betrieb genommen werden. Dadurch verändert sich die Situation. Wenn A dem Kunden nach dem Ausbau die damals gewünschten 1000 Tonnen Material anbietet, merkt er, dass der Kunde nun über weitere Möglichkeiten verfügt: B oder C können die gleiche Menge auch anbieten. Ein Preisdruck entsteht. Dies hat zur Folge, dass am Ende der Markt zusammenbricht. Aus diesen Überlegungen heraus habe ich in unserer Firma bei Hochkonjunktur stets einen Investitionsstopp angeordnet. In der Rezession hingegen habe ich die Investitionen erhöht. Regelmässig bin ich auf Unverständnis gestossen. Doch Betriebe gehen in der Regel in guten Zeiten zugrunde, weil diese Zeiten zu Fehlinvestitionen, Übertreibungen, Grössenwahn und Abkehr von der unternehmerischen Disziplin verleiten. «Nichts ist schwerer zu ertragen als eine Reihe von guten Tagen.»

INVESTITIONS-STOPP

Zurück zum Konzentrationsprinzip. Wo stellen sich dabei die Hauptprobleme?

Nicht die Konzentration ist die Hauptschwierigkeit, sondern das Weglassen von Geschäftstätigkeiten. Konzentration heisst Abschiednehmen von Dingen, die einem auch lieb, die auch gut sind, aber eben doch weniger gut als andere. Man glaubt immer, man könne dies auch noch tun. In der Regel überschätzt und überfordert man sich.

Gilt das Konzentrationsprinzip auch in anderen Lebensbereichen?

Eindeutig. Ich habe mich beispielsweise in der Politik auf wenige, mir wichtig erscheinende Gebiete konzentriert. So habe ich als Nationalrat nicht sogleich zu jedem Thema eine Meinung ausposaunt. Auch in Medienauftritten konzentriere ich mich auf eine Kernbotschaft.

MEDIEN

Im Jahre 2006 wurden wir Bundesräte der Reihe nach in die Sendung «Sternstunde» ins Fernsehen geladen. Eine Sendung, in der über den Gast, über Gott und die Welt gesprochen wird. Die Sendung neigt zu Geschwätzigkeit. Ich bereitete mich innerlich darauf vor. Zwei meiner politischen Hauptthemen, Unabhängigkeit der Schweiz und EU-Beitritt, wollte ich zur Sprache bringen. Insbesondere weil ich wusste, dass der Moderator Roger de Weck völlig anderer Meinung war. Weil ich mich darauf konzentrierte, spielte es gar keine Rolle, welche Fragen mir de Weck stellte. Bereits nach der

ersten Frage – de Weck erkundigte sich nach den menschlichen Tugenden – lenkte ich auf das Europa-Thema, und wir blieben in den folgenden 70 Minuten dabei. Es war eine Diskussion in der Tiefe – eben konzentriert. Der Moderator unterstützte diese Konzentration unwissentlich. Nach der Sendung sagte er mir: «Ja, jetzt sind wir leider bei einem Thema steckengeblieben. Schade, ich hätte noch so vieles gehabt.» Ich dachte für mich: Konzentration heisst Weglassen. Gleichzeitig dachte ich an eine lustige Geschichte, die mir mein Lehrmeister vor der Lehrabschlussprüfung mit auf den Weg gegeben hatte: Mach es wie dieser Student, der die Zoologieprüfung ablegen musste! Er hatte sich nur auf die Würmer vorbereitet. Der Vater gab ihm den Rat: «Gleichgültig, was Du gefragt wirst, rede von den Würmern.» Der Student ging an die Prüfung. Der Professor sprach: «Heute reden wir von den Elefanten.» Der Student antwortete: «Sehr gut, da kenne ich mich aus. Die Elefanten sind Pflanzenfresser. Darum haben sie wie alle Pflanzenfresser oft Würmer. Die Würmer teilt man ein in …» Und dann sprach er zehn Minuten über Würmer.
So konnte ich auch bei besagter Fernsehsendung meinem Grundsatz treu bleiben und konzentrierte mich während der ganzen Sendung auf die eine Darlegung, warum die Schweiz nicht der Europäischen Union beitreten darf. Diese Botschaft wurde – wie ich später aus dem Zuschauerkreis erfuhr – verstanden.

Hatten Sie nie das Gefühl der Überforderung?

Doch, natürlich, bei grossen Aufgaben eigentlich immer. Auch hier hilft stets die Konzentration auf weniges. Was kann ich wegschneiden? Dazu Ordnung «im Fadezainli» machen. Wenn man mir jetzt den Auftrag gäbe, für die Vollbeschäftigung in Afrika zu sorgen, wäre ich überfordert. Ich kenne das Problem, dessen Möglichkeiten und die Lösung nicht. Müsste ich diesen Auftrag ausführen, würde ich mich mit aller Kraft auf diesen konzentrieren, mit Sicherheit aber nichts anderes tun. Wer einen Auftrag erteilt, muss entscheiden, ob der Untergebene diesen Auftrag auch bewältigen kann. Man darf seine Leute nicht überfordern. Die Auswahl der richtigen Leute ist eine wichtige Führungskunst. Vor allem aber muss man darauf dringen, dass sich der Untergebene auf den Auftrag konzentrieren kann. Zersplitterung ist der häufigste Grund für das Scheitern. Und diejenigen, die sich auf etwas konzentrieren, haben in der Regel Erfolg. Das gilt auch für Maler, Schriftsteller, Wissenschafter, die sich ein Leben lang in etwas vertiefen. Bereits mein Lehrmeister hat mir während meiner Bauernlehre im zürcherischen Weinland geraten: «Mach wänig, aber da, wod machsch, mach rächt!»

AUSWAHL DER LEUTE

Aber sind nicht Sie der lebende Gegenbeweis? Sie haben parallel eine militärische, eine politische und eine wirtschaftliche Karriere gemacht.

Wenn man mein Leben unter dem Gesichtspunkt der drei Karrieren betrachtet, könnte man darauf kommen. Aber mein Ziel und Auftrag war es nie, Karriere zu machen. Ich habe meine Aufgaben erfüllt und musste mir sagen: Wer im Zivilen führt, muss das auch in der Armee tun. Wir sind eine Milizarmee! Zum Militärdienst sind wir verpflichtet. Die Milizarmee- und die Milizpolitiker-Laufbahn setzten meine wirtschaftliche Führungsfähigkeit voraus. Ich bin mir wohl bewusst, dass ich grössere Unternehmen hätte leiten können, wenn ich auf Militär und Politik verzichtet hätte. Aber ich habe mir die Frage gestellt: Ist es wichtiger, grössere Unternehmen zu führen oder meine Erfahrungen ins Militär und in die Politik einzubringen? Aber ohne Abstriche gings nicht. So habe ich auf die Generalstabsausbildung verzichtet, und ich habe in der Politik nie Präsidien in Räten oder Kommissionen bekleidet. Eben, um mich konzentrieren zu können.

ARMEE

POLITIK

Aber Sie hätten sich ja früher ganz auf die Politik konzentrieren können ...

Dann wäre ich meines Erachtens kein guter Politiker geworden. Ein guter Politiker muss auch über andere Erfahrungen verfügen. Wer sich vollumfänglich der Politik widmet, wird zum Interventionist, will alles staatlich regeln, kennt das Leben nicht mehr. Darum haben wir kein Berufsparlament. Unternehmer, Nationalrat und Oberst – die guteidgenössische Dreieinigkeit!

Jetzt sind Sie vollamtlicher Politiker …

Ja, und schon wird es gefährlich. Ich lebe hier in Bern in einer geschützten Werkstatt, weitab von der Lebenswirklichkeit. Deshalb muss ich immer wieder raus, unter die Menschen, in die Betriebe, in den Alltag. Hier im Bundeshaus nehme ich doch den Asylmissbrauch nie direkt wahr. Früher habe ich das ganz direkt erlebt, im Leben wie im Unternehmen. Ich kannte die Schwierigkeiten des Zusammenlebens verschiedener Kulturen aus dem eigenen Betrieb.

Was ist aufwendiger, Politik oder Wirtschaft?

BUNDESRAT

Bevor ich Bundesrat wurde, habe ich zwei Drittel meiner Führungskraft in mein Unternehmen investiert. Ich trug auch die Verantwortung als oberster Chef allein. In der Politik ist ja die Verantwortung geteilt. So paradox es klingt, mein Leben als Bundesrat ist heute viel entspannter als früher. Angstträume, das Unternehmen könnte untergehen, sind mir heute fremd geworden.

Haben Sie Alpträume vor grossen Entscheidungen?

ALPTRAUM

Ja, und nicht selten. Während der neunziger Jahre hatte ich immer den gleichen Alptraum: Ich stand unterhalb eines Berghangs, und plötzlich rutschte der ganze Abhang herunter. Ich musste das Ganze aufhalten. Ganz allein, was immer schlimmer wurde, bis ich erwachte. Besonders zur Zeit meines wichtigsten politischen Kampfes, als es darum ging, die Schweiz davon abzuhalten, dem europäischen Wirtschaftsraum (EWR) – einer Vorstufe zur EU-Mitgliedschaft – beizutreten. Ich hatte oftmals das Gefühl, jetzt werde die ganze Schweiz zugeschüttet und ich sei ganz allein und machtlos dagegen. Ich habe auch sonst Alpträume vor wichtigen Auftritten. Letzthin träumte ich, ich sei an der Albisgüetli-Tagung. Im Saal herrschte Totenstille. Das Publikum sass da und wartete auf meinen Auftritt, ich aber stand auf der Rednertribüne und brachte kein Wort heraus. Schweissgebadet wachte ich auf. Solches setzt sich dann fort bis zum Lampenfieber vor jedem meiner Auftritte. Das dauert jeweils bis zum ersten Satz, dann ist es fort!

DAS MOTIV IST ENTSCHEIDEND

«Wenn du nicht weisst, ob Du etwas tun sollst, so frage nach dem Motiv. Aus einem guten Motiv kommt selten etwas Schlechtes, aus einem schlechten Motiv selten etwas Gutes.»
Christoph Blocher

Haben Sie Beispiele?

Aus der Wirtschaft: Wer eine hohe Führungsaufgabe übernimmt, nur weil er eine Karriere machen will, wird zwar vielleicht für sich selbst, nicht aber für das Unternehmen Erfolg erzielen. Ist das Motiv für die Übernahme der Führung die Überzeugung oder die Freude, das Unternehmen voranzubringen, dann ist die Voraussetzung schon mal gut.
Aus der Politik: Im Sommer 2006 hatte ich den Abstimmungskampf für das neue Asylgesetz zu führen. Allerlei soziale, kirchliche und moralistische Kreise wandten sich gegen das Gesetz. Plötzlich engagierten sich völlig unerwartet der ehemalige Präsident der Swisscom, Markus Rauh, und der ehemalige Swisscom-CEO, Jens Alder – beide nach einer durch den Bundesrat verhinderten Fehlstrategie der Swisscom-Leitung zurückgetreten –, gegen die Asylvorlage. Nie hatten sie sich zuvor in einer solchen Sache engagiert. Schnell stand für mich die Motivation fest: Nicht humanitäre Überlegungen waren das Motiv, sondern Ranküne und «Retourkutschen». Dieses Motiv in einem kurzen Satz anzusprechen genügte. Das viele Geld, das sie ausgaben, nützte nichts. Weil die Überzeugung fehlte und das Motiv ein falsches war, war die Sache auch schnell erledigt und wirkungslos. Diese Erkenntnis ist ebenfalls wichtig, wenn sich Leute aktiv für einen einsetzen wollen, aber aus falschen Motiven. In einem politischen Kampf muss man sich diese Leute vom Hals halten. Sie werden schaden.

Darum bin ich skeptisch gegenüber Parteien und Politikern, welche Anfang der neunziger Jahre – als es Mode war – sich klar für einen EU-Beitritt ausgesprochen haben, während heute die gleichen Leute – weil das nicht mehr opportun ist – das Gegenteil vertreten. Die Opportunität als Motiv ist unzuverlässig. Kaum ändert sich der Wind, so kippt auch die Auffassung der Wendehälse. WENDEHÄLSE

FÜHREN DURCH VORBILD

«Am einfachsten führt man durch das Vorbild. In der Erziehung sind es die Kinder, im Betrieb die Untergebenen, im Leben die Freunde und im Staat viele Beobachter, die erkennen, ob man selber macht, was man verkündet, und das wirkt ansteckend.»
Christoph Blocher

Sie gelten als sehr eigenständige Persönlichkeit. Besteht nicht die Gefahr, dass jeder, der Ihren Führungsstil zum Vorbild nimmt, eine schlechte Kopie von Ihnen wird?

Führen durch Vorbild heisst nicht, dass einen jemand äusserlich nachahmt. Führen durch Vorbild bedeutet viel mehr: Es umfasst zunächst viel Kleines, Alltägliches, Praktisches. Aber es zeigen sich auch die Einstellung, die innere Haltung, die Ernsthaftigkeit, eben die Treue zur Sache.
Führen durch Vorbild geschieht meist unbewusst. Darum braucht man für diese Führungsmethode keine Zeit. Ich habe unsere Kinder oftmals auf Geschäftsreisen – bis nach China – und in unsere Fabriken mitgenommen. Ich tat es, weil ich in den Anfangsjahren keine Zeit für Ferien hatte. Erst heute, nachdem die Kinder selbständige Unternehmer sind, merke ich, wie viel sie dadurch gelernt haben. Das betrifft nicht nur konkrete Vorgehensweisen, sondern auch die Einstellung gegenüber der Arbeit, gegenüber den Arbeitern, gegenüber dem Unternehmertum und vieles mehr. Beigebracht habe ich es den Kindern nicht. Aber sie haben es mitbekommen.

Ein Vorbild kann imitiert werden. Man gewinnt den Eindruck, dass man Sie – besonders in Ihrer Partei – imitiert. Stört Sie dies, oder verstehen Sie das als Kompliment?

Kompliment? Nein. Aber ich rede von der Vorbildfunktion, nicht vom Idol. Dass Leute in mir ein Idol sehen, kann ich nicht verhindern. Hoffen wir, dass es keine negativen Folgen hat.

Etwas einfältig ist, wenn Leute meinen, durch die Imitation der Gestik, der Art, zu sprechen oder zu formulieren, würden sie das Erfolgsrezept eines anderen Menschen treffen. Gestik, Bewegungen, Sprache, Auftreten sind die Fassade. Ist die Fassade echt, ist sie Ausdruck des Inhaltes, der inneren Einstellung, der Substanz. Wer in einem solchen Falle die Fassade nachahmt, ohne die Substanz auch zu übernehmen, bleibt im Leeren und wirkt wie eine Fasnachtsfigur.

Aber Sie haben nie jemanden kopiert?

Nein. Auf jeden Fall nicht bewusst.

Gib es in der Politik Beispiele, in denen Sie durch Vorbild geführt haben?

Ein kleines Beispiel aus früheren Zeiten! Es gab Zeiten, da wurden die Bundesfeiern abgewertet. Anfang der neunziger Jahre, als einmal kein einziger Bundesrat an einer 1.-August-Feier sprach, fand ich dies nicht in Ordnung. So stellte ich mich demonstrativ für 1.-August-Feiern zur Verfügung. Ich erinnere mich, dass ich anlässlich des Nationalfeiertags einer der wenigen war, die im Land herumreisten und auftraten.
Fernsehen, Radio und Medien stellten dies fest und fragten: Überlässt der Bundesrat diesen Tag eigentlich dem Blocher? Seither treten die Bundesräte wieder auf an den 1.-August-Feiern, und sogar sozialdemokratische. Hier hatte ich eine Vorbildfunktion. Natürlich werden die Bundesräte dies bestreiten. Es ist auch belanglos. Hauptsache ist, dass es geschieht. Viele handeln eben unbewusst nach einem Vorbild. Wenn man so sehr im öffentlichen Interesse steht, ist das auch eine Verantwortung, die man zu tragen hat.

Konnten Sie auch im Bundesrat als Vorbild wirken?

Darüber sollte man schweigen. Denn die meisten Führungsleute geben nicht zu, dass ihnen irgendjemand oder irgendetwas Vorbild gewesen sei. Vielleicht nur so viel: Das Kostendenken in der Bundesverwaltung ist schlecht entwickelt. Aber statt dauernd eine Änderung zu predigen, musste ich im eigenen Bereich vorangehen. Also ordnete ich in meinem eigenen Bereich Kostensenkungsmassnahmen an und zog diese durch.

Wie weit es Vorbildfunktion hatte, ist hier nicht zu fragen. Ich wandte dies aber auch im eigenen Unternehmen an. Als kleines Beispiel: Ich hatte als oberster Chef immer ein relativ kleines Büro. Dies aber nicht aus Selbstkasteiung, sondern um zu zeigen, dass es auch bescheiden geht. Das hatte zur Folge, dass sich kein Direktor innerhalb des Betriebes getraute, sich ein grösseres Büro einzurichten. Bei der Planung von Büroräumen wussten die Architekten – ohne, dass man etwas anordnete –: Bei EMS gibt es keinen Luxus.

BÜRO

TUN, WAS IN DER EIGENEN MACHT STEHT

«Das Leben verlangt zwingend die Machtausübung. Innerhalb des zugewiesenen Bereichs muss die zur Verfügung stehende Macht ausgeübt werden, wenn es der Auftrag gebietet. Machtmissbrauch kann nicht nur durch Überschreitung der Machtbefugnis, sondern auch durch die Nichtausübung der Macht geschehen.»
Christoph Blocher

Entsteht dadurch nicht die Gefahr der Machttrunkenheit?

Alles Gute kann man auch zum Gegenteil missbrauchen. Wer Macht braucht und ausbaut, nur um der Macht und des Prestiges willen, hat ein schlechtes Motiv und begeht Missbrauch. Wer die Macht braucht, die ihm gegeben ist, um den Auftrag auszuüben, hat ein gutes Motiv, denn er tut das Notwendige. Jeder Unternehmer muss alles ihm zur Verfügung Stehende unternehmen, damit das Unternehmen gedeiht. Er hat die Kunden, Mitarbeiter, Geldgeber oder die Öffentlichkeit zufriedenzustellen und vor allem Gewinn zu erzielen. Er weiss, wenn er die Macht nicht ausübt, scheitert er.

MISSBRAUCH

Wie weit kann man seinen eigenen Machtbereich ausdehnen?

Der eigene Machtbereich ist stets durch den Auftrag gegeben, aber auch durch diesen eingegrenzt. Schliesslich sind einem in der Regel generell Kompetenzen zugewiesen, in deren Grenzen man zu handeln hat.

GRENZEN

Zu viel Macht ist doch gefährlich?

Zweifelsohne. Wer viel Macht hat, kann auch viel missbrauchen. Darum ist das schweizerische Staatssystem auf Machtbeschränkung der Politiker angelegt. Die schweizeri-

MACHT-MISSBRAUCH

sche Demokratie ist geradezu das institutionalisierte Misstrauen gegenüber den Politikern. Als liberal-konservativer Politiker begrüsse ich dies natürlich. Es ist ein Schutzwall gegen Machtmissbrauch und Interventionismus. Für jemanden, der in der Führung steht, ist wichtig, dass er sich selbst kennt und sich der Gefahr des Machtmissbrauchs bewusst ist.

Führt diese Auffassung nicht zwingend zu Machtkämpfen, die für den Zusammenhalt in einem Unternehmen keineswegs förderlich sind?

MACHTKÄMPFE

Bei auftragsorientierter Führung ist die Gefahr von Machtkämpfen klein, weil die Macht durch den Auftrag zugewiesen wird. Machtkämpfe sind dann störend, wenn sie entstehen, weil man die Macht an sich liebt. Aber der Kampf um die Macht muss nicht a priori falsch sein.
Es gibt auch eine Pflicht zum Machtkampf, nämlich dann, wenn die Macht notwendig ist, um den eigenen Auftrag zu erfüllen. Wenn sich zum Beispiel in einer Partei eine Fehlentwicklung abzeichnet, muss man unter Umständen den Machtkampf aufnehmen. Das «Das-Sagen-haben-Wollen» in einem Unternehmen kann die notwendige Voraussetzung sein, um es führen zu können. Auf das Motiv kommt es eben an. Machtkampf kann eine Notwendigkeit sein, um Verantwortung tragen zu können.

Gib es also doch auch gute Machtkämpfe?

Ja, wenn man um Macht kämpft, die es einem ermöglicht, eine gute Sache durchzusetzen. In schwierigen Führungssituationen, wenn man schwierige Probleme zu lösen hat, sind Machtkämpfe seltener. Oft will niemand die Macht, um den Erfolg nicht garantieren zu müssen!

Gibt es eine Erotik der Macht?

Selbstverständlich kann man auch der Faszination der Macht erliegen. Macht befähigt, etwas zu tun. Natürlich auch Auftragswidriges. Die Armee ist dafür ein gutes Beispiel: Statt zur Wahrung der staatlichen Existenz und des Friedens kann man sie auch für Unterdrückung und Tyrannei einsetzen. Eine Milizarmee hilft dies verhindern. Aber auch dem Verlangen, Bundesrat zu werden, kann als Motiv das Streben nach eigener Karriere zugrunde liegen oder der Wunsch, etwas zu gelten. Gegen Missbrauch schützt die schweizerische Form der Machtbeschränkung.

TYRANNEI

Trotzdem: Ein Bundesrat hat in der Schweiz immer noch eine besondere Stellung. Haben Sie die Versuchung des Amtes nie gespürt?

Eine besondere Stellung, ja. Aber die Macht entspricht dem Amt. Das Ansehen kann eine Gefahr werden, deswegen gehe ich den «Ansehensanlässen», die das Amt mit sich bringt, möglichst aus dem Weg. Als Bundesrat wird man sehr viel eingeladen. Es ist nicht immer klar, ob das vom Amt her notwendig ist oder nicht. Als ich 2005 an den Trauerfeierlichkeiten von Prinz Rainier, dem Fürsten von Monaco, den Bundesrat vertreten musste, meinten Journalisten, die Teilnahme sei der Ausdruck von Machtverliebtheit. Dabei verlangte das schweizerische Protokoll, dass die Schweizer Regierung dort vertreten war. Ich wurde bestimmt, weil andere, die eigentlich dieses Amt hätten übernehmen müssen, unabkömmlich waren. Doch den spöttelnden Journalisten kann ich sagen: Wenn ich nie in eine grössere Versuchung geführt werde, mich in die Macht zu verlieben, kann das Schweizer Volk ruhig schlafen!

MACHT-
VERLIEBTHEIT

Ministerbesuche darf man nicht zu wichtig nehmen. Man drückt an einem solchen Tage vielerlei Hände, später kennt man sich kaum mehr. Wie man mir sagte, soll der amerikanische Präsident, kurz bevor er Besucher empfängt, sich über den Besucher und dessen Land unterrichten lassen. Sicher auch über die Freundlichkeiten, die er dem Besucher und dem

besuchenden Land entgegenbringen kann. So reicht es für ein kurzes Gespräch. Wie lange der Präsident den Besucher dann in Erinnerung behält, ist eine andere Frage. Ich kenne diese Mechanismen aus dem Geschäftsleben. Unerfahrene Politiker glauben, dass man wegen eines Händedrucks bereits an der Führung der Weltpolitik beteiligt sei, und nehmen jede Freundlichkeit für bare Münze.
Ich werde in Bern oftmals von ausländischen Politikern aufgesucht, von denen ich später viele nicht mehr wiedererkenne. Bereits in meiner früheren Tätigkeit stand ich vor diesem Problem. Das kann mitunter unangenehm sein. Einmal – als ich noch die EMS führte – wurde ich an einer Industriemesse in Mailand von einer Gruppe hochgestellter chinesischer Politiker mit einem herzhaften «Hello Mister Blocher» begrüsst. Ich stutzte, weil Chinesen sich – für unsere Augen – oft gleichen, und erkannte den Geschäftspartner nicht mehr. Der chinesische Partner hat meine Unsicherheit sofort bemerkt und war leicht beleidigt, sagte dann aber: «Wissen Sie denn nicht mehr, dass ich auf Ihrem Schloss in Rhäzüns war und auf dem Stuhle Napoleons sass?» Viel weiter brachte mich das auch nicht, denn zahlreiche Chinesen hatten diesen Vorzugsplatz schon inne!

Kann auch ein Bundesrat seine Macht missbrauchen?

AUF DIE FINGER SCHAUEN

Wie gesagt, man kann seine Tätigkeit immer auch aus einem falschen Motiv heraus ausüben. Das gilt für alle, natürlich auch für Bundesräte. Deswegen muss man den Politikern auch auf die Finger schauen. Das gilt auch für mich. Damit ich meine Macht nicht missbrauche, muss man mich kontrollieren. Man kann alles missbrauchen. Auch die Mitglieder der Kontrollorgane können ihre Macht missbrauchen! Ein Messer kann man sowohl zum Essen wie zum Morden verwenden.

Dann haben Sie Verständnis dafür, dass Sie von der Geschäftsprüfungskommission GPK für Ihre Albisgüetli-Rede des Jahres 2006 gemassregelt wurden …

Dass ich gemassregelt wurde, dafür nicht. Aber dass sie mich kontrolliert, dafür habe ich Verständnis. Ein Machtmissbrauch meinerseits lag nicht vor. Ich halte an der damals geübten Kritik am Vorgehen der Asylrekurskommission, für die man mich tadelte, fest.

KEINE SCHLECHTEN UNTERGEBENEN – NUR SCHLECHTE CHEFS

«Es gibt keine schlechten Untergebenen, sondern nur schlechte Chefs. Das gilt auch dann, wenn man seine Untergebenen nicht selbst auswählen kann, wie beispielsweise in der Armee.»
Christoph Blocher

Ist dieser Grundsatz nicht ein bisschen zu idealistisch?

Nein, im Gegenteil. Gute Chefs sorgen für gute Untergebene. Wenn nötig, suchen sie sich gute. Sie wählen die richtigen aus. Wenn das nicht möglich ist, versuchen sie, aus schlechten gute zu machen, merzen deren Mängel aus, indem sie diese schulen, intensiver führen oder die schwachen umgehen. Der Chef ist verantwortlich. Bei Nichterfüllung des Auftrags kann er nicht den schlechten Mitarbeitern die Schuld geben.

Aber es gibt doch auch Sachzwänge, die man nicht beeinflussen kann …

SACHZWÄNGE

Reden wir nicht zu schnell davon. Das sind Ausreden, die man sowohl in der Wirtschaft wie in der Politik oft hört. Vor allem unfähige Manager berufen sich häufig auf solche Sachzwänge, damit sie nichts verändern müssen. Das sich Verbergen hinter Sachzwängen ist nichts anderes als die Begründung des Misserfolgs auf Vorrat.

Gleichzeitig kann man nicht vermeiden, dass ein Untergebener einen Fehler macht …

Sicher nicht immer. Aber es ist Aufgabe des Chefs, dafür zu sorgen, dass der Mitarbeiter dies nicht tut. Man hat sich stets die Frage zu stellen, ob man den Untergebenen richtig eingesetzt, genügend geschult, von ihm genügend gefordert und ihn auch entsprechend kontrolliert und korrigiert hat.

Sie ziehen also als Chef die gesamte Verantwortung auf sich …

Ich ziehe sie nicht auf mich. Ich habe sie, gegenüber meinen Auftraggebern, gegenüber meinen Unterstellten, und ich habe sie auch gegenüber mir selbst.
Darum werde ich als Chef auch besser bezahlt! Selbstverständlich sind mir als Unternehmer auch Fehler unterlaufen. Darunter waren stets auch solche meiner Mitarbeiter. Aber die Verantwortung lag bei mir. Ich habe dafür zu sorgen, dass die Untergebenen keine Fehler machen! In der Regel habe ich zu wenig entschieden gefordert und kontrolliert! Sobald man zulässt, dass Unvollkommenheiten auch mit der mangelnden Qualifikation von Untergebenen oder mit Sachzwängen begründet werden können, relativiert man die Verantwortung und damit die Auftragserfüllung. FEHLER
Angesichts der vielen politischen Gegner war ich mir bereits als Unternehmer im Klaren, dass ich noch stärker im Fokus stand als andere Industrielle. Deswegen musste ich beispielsweise meinen Mitarbeitern einbleuen, dass nicht nur jedes illegale Geschäft abgelehnt wird – was ja selbstverständlich ist –, sondern darüber hinaus auch alle Geschäfte, die nur im Entferntesten den Anschein von Illegalität erwecken könnten. Hätte ein Mitarbeiter trotzdem anders gehandelt, die Verantwortung wäre bei mir gelegen.

Schulen Sie Ihre Mitarbeiter?

Ja. Das habe ich im Unternehmen getan, und ich tue es auch wieder hier im Departement. Konkret umfasst die Schulung zwei Bereiche: Die Führungsschulung und die Vertiefung in unseren Auftrag. Alles konzentriert sich auf die Frage, wie wir unsere Aufträge besser erfüllen können. SCHULUNG

Im Unternehmen sprachen wir über neue Produkte, Erschliessung der Märkte, Kostenführerschaft, Führung allgemein; im Departement über frühzeitige Problemerkennung, einfachere Gesetzgebung, Kostensenkung, Führung allgemein.
Der Ablauf war und ist immer gleich: Die Verantwortlichen stellen sich vor ihre Kolleginnen und Kollegen, halten Referate und stellen sich der Kritik. Ein solches Vorgehen zwingt sie, «Stellung zu beziehen». Und dann folgt die Diskussion. Zwei Tage im Jahr leite ich die Schulung persönlich. Früher als Verwaltungsratspräsident, heute als Departementsvorsteher.

Ziehen Sie auch externe Berater bei?

KEINE BERATER

Manchmal einzelne Fachleute, aber keine Berater. Vieles habe ich in den Anfangsjahren ausprobiert. Meist wurde dabei der Mensch statt die Sache in den Mittelpunkt gestellt. Ausgerechnet das Falsche! Schliesslich geht es immer um die Sache und nicht um die Befindlichkeit der zu Schulenden. Ein besonderes Erlebnis ist mir in Erinnerung geblieben. Einmal hatten wir die Schulung einem Betriebspsychologen übergeben – es war ein Versuch. Er stellte eine Pinwand in der Mitte des Saals auf und rief die Anwesenden auf, ihre Probleme und Sorgen aufzuzählen. Als sich niemand äusserte, begann er zu stochern und nachzuhaken. Er stocherte und animierte so lange, bis bald jeder irgendeine Sorge und ein Problem in der Zusammenarbeit zum Besten gab. Der Kurs war für zwei Tage angesetzt. Nach dem ersten Tag hatte ich genug und entliess den Referenten. Die Teilnehmer schickte ich nach Hause, mit dem Auftrag an jeden Bereich, nochmals zusammenzusitzen und sich mit einem einzigen Thema zu beschäftigen: «Wie schaffen wir mindestens 15 Prozent Reingewinn im besagten Geschäftsfeld? Am Abend kommen wir wieder zusammen und hören uns dann gemeinsam die Vorschläge an.»
Das Betriebsklima war wieder normal und der Auftrag – nicht der Mensch – im Mittelpunkt.

Sie brauchen also keinen Rat von aussen, sondern wissen alles besser?

Ich weiss, dass ich nichts weiss. Trotzdem muss ich meinen Auftrag erfüllen. Aber in den Mitarbeitern steckt viel Wissen. Die Kunst besteht darin, dieses hervorzuholen! Darum lasse ich mich von meinen Untergebenen durch ein konsequentes Antragssystem beraten. Das Antragssystem ist effizienter als das Beratersystem. Ausserdem lese und höre ich viel. Als ich jünger war, ersuchte ich vor allem ältere, lebenserfahrene Leute um Rat. Auch heute rufe ich schon mal Freunde an und frage: «Sag mal, wie siehst Du das eigentlich?» Das müssen nicht Fachleute sein. Ganz gute Ratschläge bekam ich vom verstorbenen früheren Korpskommandanten Rudolf Blocher, der – trotz des Namens – nicht mit mir verwandt war. Obwohl er General und nicht Chemieunternehmer war, hat er mir viel gegeben dank seiner Erfahrung und Persönlichkeit. So hat er mich beispielsweise 1989, nach dem Fall der Berliner Mauer, in einem längeren Gespräch davor gewarnt, in die allgemeine Euphorie zu verfallen. Hätten mehr Politiker auf solche Ratschläge gehört, hätte man in den neunziger Jahre nicht auf Luftschlösser wie den «ewigen Frieden» oder das ungebremste konjunkturelle Wachstum gebaut. Dafür nur ein Beispiel: In Bern vertrat man in den neunziger Jahren allen Ernstes die Ansicht, dass die Vorwarnzeit für bewaffnete Konflikte jetzt auf zwanzig bis dreissig Jahre angesetzt werden könne. Rudolf Blocher tat dies als «höheren Blödsinn» ab. Wer heute auf die Kriegslandschaft der Welt schaut, muss ihm recht geben.

WISSEN

Ziehen Sie beim Bund auch externe Berater zu?

Am letzten Kaderkurs hielt der frühere Finanzchef der ABB, der die ganze Sanierung und Kostensenkung bei ABB geleitet hatte, einen Vortrag über die Frage «Wie senke ich Kosten?». Ein bereicherndes Referat. Aber sofort suchten Chefbeamte mit der Bemerkung auszuweichen, dass man die Rezepte aus

VORGESCHOBENES HINDERNIS

der Industrie nicht auf die Verwaltung übertragen könne. Das sind Sachzwänge als vorgeschobenes Hindernis, um nicht handeln zu müssen!
Zudem muss man in einzelnen Projekten manchmal jemanden zuziehen, weil im eigenen Bereich die spezifischen Fachkenntnisse, die für ein zeitlich beschränktes Projekt notwendig sind, nicht vorhanden sind.

DIE RICHTIGE STRATEGIE

«Ich habe festgestellt, dass viele Leute, die sich mit Strategie auseinandersetzen, nicht wissen, was eine Strategie ist. Strategie ist der genaue Plan zur Erreichung eines Ziels unter Einschluss aller möglichen Faktoren, die der Zielsetzung entgegenwirken können.»
Christoph Blocher

Welche Strategie haben Sie in Ihrem Unternehmen angewandt?

Die oben genannte Definition – übrigens nach Duden – haben wir im Unternehmen so übernommen: Strategie als genauer Plan. Sie fand Ausdruck in einem rollenden Dreijahres- und einem Einjahresplan. Für ein Chemieunternehmen ein vernünftiger Zeitraum. In anderen Gewerbezweigen, wie beispielsweise einer Bank, kann man sich vielleicht mit einer kürzeren Strategiedauer begnügen.
Auf das Finden und Festlegen der Strategie haben wir viel Zeit verwendet. Allein die Diskussion der Varianten dauerte mehrere Tage. An diesen Sitzungen haben viele Mitarbeiter aus mehreren Führungsstufen teilgenommen. Dabei haben wir die Strategie in der Hierarchie von unten nach oben entwickelt und uns dabei auf alle möglichen Eventualitäten vorbereitet. Nur die Vertiefung und Konzentration auf die Sache ermöglicht das Finden auch von unorthodoxen Lösungen. Wer sich in ein Problem vertieft, findet auch die besseren Varianten. «Genie ist Fleiss» (nach Theodor Fontane).

UNORTHODOXE LÖSUNGEN

Gibt es eine solche Strategieplanung auch in der Verwaltung?

Bei der Vielzahl von willkürlichen Einflüssen (Parlament, Gesamtbundesrat, politische Modeströmungen, überbewertete

Tagesereignisse) ist eine Strategie in der Politik schwierig durchzuhalten.

In beschränktem Masse haben wir diese Strategieplanung aber vermehrt auch in meinem Departement eingeführt, durch einen sogenannten Legislatur- und einen Einjahresplan. Dabei gibt es Projekte, die durch das Parlament oder den Bundesrat vorgegeben sind, bei anderen Fragen bin ich frei. Diese Pläne als Strategie zu bezeichnen ist etwas hochgegriffen.

Entscheidend für eine erfolgreiche Umsetzung ist aber, dass diese Pläne ernst genommen und vor allem mit den Betroffenen – und das ist nicht nur das oberste Kader – durchdiskutiert werden. Doch aufgepasst: Viele Strategien sind reine Beschäftigungstherapie. Ein leitender Angestellter eines Grossunternehmens erzählte mir einmal, wie das Management auftragsgemäss zur richtigen Zeit den Vorgesetzten die Firmenstrategie zur Genehmigung unterbreitet habe: Es seien dicke Ordner gewesen. Um die Reaktion zu testen, sei jede zehnte Seite durch ein leeres Blatt ersetzt worden. Bemerkt habe das niemand!

Wie läuft eine solche Entscheidungsfindung zur Strategiefindung ab?

ENTSCHEIDUNGSFINDUNG

Die Entscheidungsfindung ist ein sehr wichtiger Prozess. Er beginnt mit der Problemanalyse, Analysen und Anträgen von unten in den einzelnen Bereichen. Dann folgt auf höherer Führungsebene eine breite Diskussion mit den unteren Ebenen. Brainstorming, kontroverse Diskussion sind gefragt. Wenn diese nicht erfolgen, muss man sie erzeugen. Die Sache zerzausen. Man muss wissen: Die beste Lösung findet man nie. Aber mit etwas Glück die «am wenigsten schlechte», das heisst die mit den geringsten Nachteilen gegenüber allen, die uns eingefallen sind. Gute Chefs sind auch mit dieser Lösung nie zufrieden. Sie suchen stets von neuem nach einer besseren, werfen Fragen auf, kritisieren, provozieren, lassen immer neue Anträge stellen!

Das gilt nicht nur für Unternehmen. Ich tat es auch oft als Nationalrat, in der Politik, im Rat oder in der Öffentlichkeit. Ich tat es manchmal sogar dann, wenn ich grundsätzlich gar nicht anderer Meinung war, vor allem, wenn alle blindlings und euphorisch der gleichen Sache nachrannten. Das ist vor allem auch wichtig in der eigenen Partei.

Wie finden Sie eine Entscheidung?

Als Eselsleitern dienen mir die folgenden sieben Denkschritte zur Entscheidungsfindung:

1. Bestimmen des Problems, d. h. die Differenz herausfinden zwischen dem, was ist, und dem, was sein sollte
2. Anforderungen, welche die Entscheidung erfüllen muss
3. Alle Alternativen, die das Problem lösen und die Anforderungen erfüllen (mit Bewertung)
4. Folgen und Risiken jeder Alternative
5. Der Entschluss
6. Realisierungsplan (wer macht was, bis wann, mit welchen Mitteln, um welches Ziel zu erreichen?)
7. Verantwortung festlegen, d. h. gewährleisten, dass die Kontrolle und das Korrigieren so möglich sind, dass der Erfolg später gewährleistet ist

Muss man an einer Strategie auf Biegen und Brechen festhalten, wenn man sie gewählt hat?

FALSCHE STRATEGIE

Ja – oder man setzt sie ausdrücklich auch formell ausser Kraft und entscheidet sich für eine neue. Das ist immer das Eingeständnis, eine falsche Strategie gewählt zu haben. Erst wenn man zur klaren Überzeugung gelangt, dass man eine Strategie nicht durchsetzen kann, bricht man sie ab, also nicht leichtfertig. Keinesfalls darf der Wechsel schleichend erfolgen, was häufig der Fall ist. Dann verfolgen die Mitarbeiter plötzlich gleichzeitig verschiedene Strategien. Eine Strategie darf nur von demjenigen geändert werden, der sie erlassen hat. Wenn ich sie als oberster Chef unterschrieben habe, gibt es keine Änderung mehr. Eine Änderung muss beantragt werden. In diesem Fall muss man den ganzen Prozess nochmals starten. Ein kleines Beispiel. Zu meinen Anfangszeiten stellten wir bei EMS aufgrund entsprechender Marktanalysen eine Anlage für die Produktion von Schuhklebern auf. Es wurde eine Markt- und Produktionsstrategie erstellt. Kaum war die Produktionsanlage fertig, benötigte niemand mehr diesen Schuhkleber. Diejenigen, die die Anlage beantragt hatten, merkten dies, aber wollten es nicht zugeben. Langsam gaben sie der Anlage eine neue Bestimmung. Da sie auch nicht zugeben wollten, dass die Marktanalyse falsch gewesen war, wurde die Sache immer schlimmer. Die von mir unterzeichnete Strategie war falsch. Ich verlangte vom Bereichsleiter einen Antrag für eine neue Strategie. Die Frage hiess nun nicht, welches Produkt braucht der Markt, sondern welche Produkte können wir auf dieser Produktionsanlage herstellen, die der Markt aufnimmt.

KATASTROPHE

Eine solche Fehlinvestition ist zunächst eine Katastrophe. Aber die Kunst der Führung ist es, aus jeder Katastrophe einen Erfolg zu machen. Auf der überflüssig gewordenen Schuhklebermaschine haben wir später ein anderes Produkt hergestellt, welches sich lange Zeit als unser grösster Erfolg entpuppte, aber nur dank einer neuen Strategie. Dies soll den Misserfolg keineswegs rechtfertigen, zeigt aber, dass man über einen Umweg plötzlich Projekte realisieren kann, an die man ursprünglich gar nicht gedacht hat.

Wann genau ist der Punkt erreicht, um eine Strategie zu ändern? Beispielsweise bei der Allfinanz.

Da dieser Bereich nicht mein Business darstellt, kann ich das nicht im Detail sagen. Aber jede Strategie geht ja von Annahmen aus, beispielsweise einem Allfinanz-Konzept. Wenn man zur Gewissheit gelangt, dass dies eine Fehlannahme war, dann ist der Punkt zur Strategieänderung bereits gekommen. Auf Riesenverluste darf man nicht warten. Allerdings hätte meines Erachtens der Name Allfinanz genügt, um zu merken, dass man sich nicht darauf hätte einlassen dürfen. Denn, wer alles macht, macht nichts richtig.

Wie weit entscheiden Sie aus dem Bauch heraus?

Es mag salopp tönen, aber ich habe die wesentlichen Entscheidungen in meinem Leben aus dem Bauch heraus gefällt. Es gibt ein geflügeltes Wort: «Hast Du als Unternehmer Erfolg, bist Du der König. Scheiterst Du, kommst Du ins Gefängnis – mit den gleichen Entscheidungen!»
Hinter jedem Entscheid lauert eben auch ein Fehlentscheid. Wichtig ist Menschenkenntnis. Eine Aussage des einen Mitarbeiters ist nicht gleich zu werten wie die Aussage eines anderen. Mit der Zeit kann man die Untergebenen einschätzen. Es gibt Leute, deren Anträge ich sofort unterschreibe. Bei anderen setze ich sie zuerst auf die Pendenzenliste, um sie noch genauer zu studieren. Aus Erfahrung weiss ich, wer was wie gründlich erarbeitet. Aber wichtige Entscheide müssen einmal gefällt werden, ganz sicher ist man nie.

MENSCHENKENNTNIS

Gerade in der Politik heisst einer der viel gehörten Grundsätze, dass man die schmerzvollsten Dinge zu Beginn einer Legislaturperiode machen muss. Was halten Sie davon?

Das ist richtig. Im ersten Jahr wollte ich den Bundesrat dazu bringen, das unverantwortliche Kostenwachstum der neunziger Jahre zu korrigieren und die Kosten um 30 Prozent zu senken. Das wäre anfänglich schmerzvoll gewesen. Aber der Erfolg hätte sich später eingestellt, und alle wären glücklich gewesen. Dafür hätten wir vier Jahre Zeit gehabt. Niemand hätte uns rausschmeissen können. Hätten wir Erfolg gehabt, wären wir wohl gefeiert worden. Und alle, auch die Gegner, hätten mitgefeiert. Ja, das Unangenehme kommt immer am Anfang.

... dann kann man ernten ...

Die meisten Regierungen handeln genau umgekehrt: Sie starten mit dem Angenehmen. Der Bundesrat hat zwar wenigstens 20 Prozent Kostenreduktion beschlossen, aber dann leider nicht durchgezogen.

Wie entsteht eine gute Betriebskultur?

Betriebskultur ist die Summe vieler Einflüsse. Sie entsteht im Wesentlichen unbewusst. Die Spitze der Führung prägt diese. Durch vorbildliches Handeln, durch Führungseinstellung, durch Wertvorstellungen, die herrschen, aber auch durch den Ungeist, der durchdrückt von oben nach unten. Wo in Unternehmen, in der Wirtschaft, in politischen Parteien, in Regierungen Bluffer und Aufschneider oder Profiteure akzeptiert oder gar belohnt werden, herrscht auch das entsprechende Betriebsklima. Es gilt, eine Stimmung zu schaffen, in der die Prahlhänse keinen Stich haben und wo Leistung, Resultate, die Auftragserfüllung zählen. Wer Repräsentationsfiguren fördert, zieht auch solche an. Dann gibt es ein Klima des Repräsentierens statt der Freude am Erfolg.

BLUFFER UND AUFSCHNEIDER

Warum scheitern Betriebszusammenführungen häufig?

Ich habe mehrere Unternehmen kaufen müssen, weil EMS zu Beginn zu klein war. Wenn irgendwie möglich, habe ich darauf geachtet, dass die Integration langsam erfolgte. Der Grund liegt in den verschiedenen Betriebskulturen, auf die man achten muss. Das Zerstören von Betriebsstrukturen kann leistungsmindernd wirken. Viele Firmen liess ich als selbständige Bereiche bestehen. Dieses Prinzip kam mir dann wieder zugute, als ich die unter dem EMS-Dach versammelten Firmen an meine Nachkommen übertrug. Obwohl ich beim Kauf nicht daran gedacht hatte, hat es sich viel später unerwartet als richtig auch für diesen Zweck erwiesen. Was nicht zusammengehört, sollte man auch nicht zusammenfügen. Viele Fusionen sind daran gescheitert, dass man alles in einen Topf werfen wollte.

BETRIEBSKULTUREN

NACHKOMMEN

FUSIONEN

Aufteilung und Übergabe der Firmen verliefen von aussen betrachtet erstaunlich harmonisch – wie war das möglich?

Darauf bin ich stolz. Gut, es gab schon Auseinandersetzungen, aber alles war gut vorbereitet. Nach der Übergabe waren ja zunächst alle vier Kinder zu gleichen Teilen beteiligt. Die Aufspaltung erfolgte gemäss der Bewertung der Firmen und geschah über die Börse. Eigentlich sollte man sich die Nachfolgefrage schon bei der Firmengründung überlegen, um für alle Fälle gewappnet zu sein. Die Firma sollte ja weiterbestehen.

Wie viel verstehen Sie von Chemie?

Wenig. Dies wäre möglicherweise eine notwendige Voraussetzung gewesen, wenn ich ein kleines chemisches Unternehmen betrieben hätte, welches wenige chemische Produkte herstellt. Da in unserer Firma viele Chemiker arbeiten, benötigt deren Chef andere Qualitäten. Es gab sogar Momente, in denen es von Vorteil war, dass ich nichts von Chemie verstand. Als wir auf Kunststoff umstellten, mussten wir die ganzen Produktionsabläufe verändern. Wäre ich Fachmann gewesen, hätte ich viel grössere Bedenken gehabt oder vielleicht sogar falsche Tipps gegeben. So sagte ich meinen Leuten: «Ihr werdet wohl einen Werkstoff entwickeln können, welcher 270 Grad Hitze ertragen kann!» Dadurch motivierte ich sie, Vorschläge für einen solchen Werkstoff auszuarbeiten. Als ein Mitarbeiter vorschlug, wir sollten eine Maschine bauen lassen, die das ganze Benzinleitungssystem eines Autos aus unserem Spezialkunststoff giessen kann, haben wir das unbeschwert von Spezialkenntnissen getan. Als das klappte, planten wir in der ersten Euphorie sogar, das ganze Auto aus Kunststoff herzustellen. Leicht, leise und treibstoffverbrauchsarm sollte es sein. Das erwies sich dann als unmöglich, weil ein Auto ein gewisses Gewicht braucht. Inzwischen werden viele andere Gegenstände wie beispielsweise Brillengestelle, ganze Brillen, Natels, elektrische Apparate usw. aus diesem Spezialkunststoff hergestellt. Die Chemie ist das eine, deren Kenntnisse sind sehr wichtig, aber der Markt, die Produktion und vor allem das «Gespür» für die zukünftigen Trends das andere. Das Durchführen solcher Projekte ist das Wesentliche. Fachkenntnis ist eine Voraussetzung für die Arbeit, nicht aber die entscheidende Eigenschaft des Firmenchefs. Zuhören und beobachten, den Markt und die Konkurrenz analysieren, einen wachen Geist, das Commitment braucht es. Die dauernden Fragen lauten: «Was braucht es?», «Wie ist es?», «Wie wird es sein?», «Was sind die Folgen?».

Zurück zur Strategiefindung. Wie finden Sie in der Politik Ihre Themen?

Ich gehe gleich vor. Wo liegt das Problem? Was läuft schief? Wie ist der Zustand des Landes? Wie sollte oder wie könnte er sein? Welche Massnahmen sind notwendig, um eine unbefriedigende Situation zu verbessern? Man darf sich nicht

MODETRENDS

von Modetrends ablenken lassen. Früher ging ich den Problemen nach als Nationalrat und als Parteipräsident. Heute als Bundesrat und als Departementsvorsteher. Es hiess immer, die SVP greife als erste Partei die Themen auf. Wir waren die Ersten, weil wir uns dauernd die Fragen stellten: «Wo ist ein Problem?», «Was belastet den Bürger?». Nehmen Sie die Asylfrage. Bereits vor fünfzehn Jahren haben wir uns mit diesem Thema auseinandergesetzt. Wird die Sache dann virulent, kennen wir sie bereits: die Tatsache, die Ursache, die Schwächen,

STEUERFRAGE

die möglichen Abhilfen. Das Gleiche gilt für die Steuerfrage. Irgendwann realisierten die Tüchtigen, dass es zu unhaltbaren Zuständen kommt, wenn wir dem Staat alle Gewinne abgeben müssen. Die Bevölkerung realisiert das immer ein bisschen später. Also musste dieses Thema aufgegriffen werden, im Kanton Zürich gingen wir voran.

Welche Strategie wenden Sie an, um den Leuten Ihre Themen aufzuzwingen?

Aufzwingen wäre falsch. Sensibilisieren ist besser, überzeugen von der Lösung des Problems. Wenn man selbst überzeugt ist und vorher alle Vor- und Nachteile abgewogen hat, gelingt dies besser. Ich sage den Leuten, warum ich glaube, dass es mit dieser Politik dem Land besser geht als mit einer anderen. Ich zwinge mich dabei immer wieder, einfach und anschaulich zu sprechen. Wer etwas nicht einfach beschreiben kann, hat das Problem nicht durchschaut. SENSIBILISIEREN

Brauchen Sie Krisensituationen, um erfolgreich agieren zu können?

Nein. Aber leider kann man oft erst in Krisensituationen etwas bewirken. Das gilt nicht nur für die Unternehmen, sondern auch für die Politik und den Staat. Krise heisst wörtlich «Scheiden», «Ent-Scheidung», eine Krise ist also immer ein Umbruch. Manchmal muss man in einem Unternehmen einen solchen Umbruch erzeugen. So habe ich in Ems die Betriebsstruktur manchmal in letzter Minute umgekrempelt, um die Leute aus «dem Tramp» zu reissen. Es entstand für die Mitarbeiter eine Art Krisensituation, die sie zur Überlegung und zur Änderung zwang. KRISE

Braucht es denn nicht vor allem die Impulse des Chefs?

Impulse! Impuls ist lateinisch und heisst Anstoss, Anregung. Der Impuls ist der Anfang jedes Prozesses. Aber nicht nur Impulse des Chefs. Jeder ist dazu berufen! Gute Impulse kommen von Leuten, die sich für die Sache interessieren, sich vertiefen, die etwas verändern wollen und vor allem die Lebensabläufe kennen.

Gaben Sie viele Impulse?

Ja, vielleicht oftmals zu viel! Als ich einer erfahrenen Führungskraft klagte, dass mein politisches Mandat vielleicht zu viel der für das Unternehmen erforderlichen Führungszeit wegfresse, war die Antwort: «Mach das weiterhin so. Du gibst Deinen Führungskräften so viele Impulse. Wärst Du mehr im Unternehmen, würden die Direktoren unter der Vielzahl guter Impulse ‹verrecken›!»

BESONDERER TEIL

FÜHRUNGSNATUR

Wann haben Sie erstmals realisiert, dass Sie eine Führungspersönlichkeit sind?

Das realisiere ich heute noch nicht. Das behaupten andere, nicht ich. Weil ich viel führen musste, beschäftige ich mich schon lange mit dem Thema Führung. Hätte ich das Gefühl, ich sei eine Führungsnatur, würde ich diese Auseinandersetzung mit Führung für überflüssig halten. Ich bin dauernd daran, meine Führungsfähigkeit zu verbessern.

Sie kokettieren …

Nein, überhaupt nicht. Der Begriff Führungsnatur macht mir ein bisschen Angst, weil er sogleich mit Naturtalent in Verbindung gebracht wird. Was aber auch heisst: Wer dieses Talent nicht besitzt, kann nicht führen. Natürlich haben es charismatische Menschen, die über Ausstrahlung verfügen, die eine «Nase» für das Richtige haben, leichter, Menschen zu begeistern. Und solche Naturen gibt es unbestreitbar, aber sie sind selten. Das bindende Element aller erfolgreichen Führungspersönlichkeiten ist nicht primär eine Führungseigenschaft, sondern der Wille zum Erfolg und die völlige Unterwerfung unter den Auftrag! Für den Erfolg einstehen, auch wenn man selbst Nachteile auf sich nehmen muss. «Und setzet ihr nicht das Leben ein, nie wird euch das Leben gewonnen sein», heisst es in Friedrich Schillers «Wallensteins Lager», das zum deutschen Volkslied geworden ist.

AUSSTRAHLUNG

Als Unternehmer muss man den Verlust seines Privatvermögens riskieren und den Verlust seines Ansehens in Kauf nehmen. Zusammenfassend kann man es so formulieren: Ein guter Führer lebt nicht von der Sache, sondern für die Sache. So konnte Alfred Escher, der in Ungnade gefallene Erbauer der Gotthardbahn, nicht einmal an den Festlichkeiten der Gotthardbahn-

VERLUST DES ANSEHENS

eröffnung teilnehmen. Churchill, der Retter der Freiheit Europas, wurde unmittelbar nach dem Krieg abgewählt. Es war ihm nicht einmal vergönnt, den Friedensvertrag selbst zu unterzeichnen. «Undank ist der Welten Lohn» – aber: Auftrag erfüllt!

UNDANK

Das heisst, man kann auch ohne Charisma ein guter Führer sein …

Ja. Ich habe viele Leute kennengelernt, die trotz fehlendem Charisma sehr gute Vorgesetzte waren. Dazu gehörten introvertierte, extravertierte, zum Teil auch höchst unangenehme Menschen, Neurotiker sogar. Aber eines hatten sie eben gemeinsam: den fast unheimlichen Willen, für ihre Sache einzustehen ohne Rücksicht auf sich selbst. Es gibt verschiedene Führungspersönlichkeiten: Nicolas Hayek konnte trotz oder wegen seiner chaotisch wirkenden Auftritte seine Ziele erfolgreich durchsetzten. Auch der Gründer der EMS-CHEMIE, Werner Oswald, erfüllte seine Aufgabe mit Bravour, obwohl er – gemäss Anforderungsprofil eines Personalvermittlungsbüros – durchgefallen wäre. Jürgen Dormann – ein etwas stiller Denker und von systematischer Natur – ist das exakte Gegenteil. Er löste gegen widrigste Umstände sowohl das schwierige Problem Hoechst wie auch das Problem ABB. Es gibt aber auch viele unbekannte Professoren, Lehrer, Pfarrer, Sporttrainer, die trotz fehlender pädagogischer, methodischer oder rhetorischer Fähigkeiten einen nachhaltigen Eindruck und Erfolge hinterlassen. Doch eines verbindet alle diese Menschen: die Treue zur Sache!

Was heisst das konkret?

TREUE ZUR SACHE

Treue zur Sache ist die Treue zum Auftrag, das heisst bedingungslose Erfüllung. General Eisenhower war keine ausgesprochene Führungspersönlichkeit. Er sagte: Führen ist planen und entscheiden. Der zweite Teil – das Erzwingen des Erfolgs – interessierte ihn weniger.

Für Churchill hingegen bedeutete Führung: die Untergebenen auf ein Ziel einschwören und dieses auch erreichen. Wenn der Vorgesetzte einmal entschieden hat, werde er zum Foxterrier. Beide hatten mit ihren Definitionen nicht unrecht, da sowohl die Entscheidungs- wie auch die Durchsetzungsphase sehr viel Kraft benötigten. Gerade in der Durchsetzungsphase spielt das irrationale Element eine wichtige Rolle. Da der Mensch unvollkommen ist, führen Unvollkommene stets andere Unvollkommene. Was aber erfolgreiche Führer verbindet, ist die persönliche und konsequente Unterordnung unter die Sache.

Sie sagen: Je höher man kommt, desto unfreier wird man. Warum soll denn einer überhaupt aufsteigen?

BELASTUNGSFREIHEIT

Wer die Belastungsfreiheit als das höchste Ziel erachtet, muss und darf nicht aufsteigen. Eine leitende Aufgabe zu übernehmen heisst, einen noch grösseren Auftrag auszuüben und darin für Misserfolg oder Erfolg geradezustehen. Das engt ein. Darum: Je höher man in der Hierarchie steigt, desto mehr geknechtet ist man. Gejubelt habe ich bei der Übernahme einer höheren oder neuen Aufgabe nie. Sorgen, Bedenken, Angst zu versagen begleiteten mich.
Es gilt heute als chic, das Team hervorzuheben und die Macht auf mehrere Schultern zu verteilen. Das entlastet die Führenden. Es schadet jedoch denjenigen, die auf Führung angewiesen sind. Verantwortung ist nun mal unteilbar. Das engt die eigene Freiheit ein, belastet und führt in schwierigen Situationen zu Einsamkeit, die man zu tragen hat. Es ist ein Unterschied, ob man lediglich für seine eigene Familie sorgen muss – schon das kann sehr schwierig sein – oder ob man als Unternehmer zusätzlich die Verantwortung für den täglichen Lohn von weiteren 3000 Familien trägt. Ich hatte früher oftmals schlaflose Nächte, weil ich bei Markteinbrüchen nicht ein noch aus wusste, aber doch wissen musste, wie es weitergehen sollte. Diese Hilflosigkeit, die man vor allem in einsamen Nächten zu ertragen hat, ist auch

HILFLOSIGKEIT

belastend für die eigene Umgebung. Zum Beispiel für die Ehefrau, die – kritisch nach Frauenart – den Sinn all der Beschwerlichkeiten und Nachteile penetrant hinterfragt, was dann oftmals in eine allgemeine «sinnlose Sinnfrage» ausufert.

Haben Sie solche Diskussionen in Ihrer eigenen Ehe geführt?

Selbstverständlich kenne ich solche Diskussionen. Als vor einigen Jahren meine Belastung durch das Unternehmen und die Politik sehr gross wurde, so dass es meine Frau Silvia kaum mehr aushielt, habe ich sie gefragt, was ihr lieber wäre: ein zufriedener Ehemann, der ab 18 Uhr abends im Lehnstuhl die Zeitung liest, oder einer, der sich um das Wohl seiner Firma, deren Angestellter und Familien sorgt und gleichzeitig dafür sorgen will, dass die Schweiz unabhängig bleibt. Die Antwort war: «Ich sehe ja ein, du musst es tun.»
Das geht natürlich nur, wenn die eigene Frau die gleiche Grundhaltung teilt. Viele Männer weichen aber solchen Konflikten aus, suchen die konfliktfreie Harmonie und stellen das Ganze unter einen familiären Heiligenschein. Zu viel Harmonie kann auch tödlich wirken und ist oft Zeichen von Gleichgültigkeit.

KONFLIKTFREIE HARMONIE

Trotzdem könnten Sie heute, nachdem Sie alles erreicht haben, einen gemächlicheren Gang einschalten und das Leben geniessen …

Dies höre ich oft. Das stimmt natürlich. Aber ausgerechnet diese Unabhängigkeit macht mich frei und stark. Ich bin von meinem Amt unabhängig. Die Abhängigkeit ist die Tragik vieler Politiker. Ich habe einige Bundesräte erlebt, die nach ihrem Rücktritt in ein schwarzes Loch fielen, weil sie ausser ihrem Amt nichts hatten.

ABHÄNGIGKEIT

Aber persönlich haben Sie alle Freiheiten. So könnten Sie sofort aus dem Bundesrat zurücktreten und nochmals ein Unternehmen gründen …

Diese Möglichkeit hätte ich. Und oft sehne ich mich nach diesen Freiheiten. Ich wusste, als ich mich bereit erklärte, für den Bundesrat zu kandidieren, dass ich auf diese Freiheiten verzichten muss. Aber ich war von der Notwendigkeit dieser neuen Aufgabe überzeugt. Doch die wahre Freiheit besteht nicht darin, tun zu können, was man will, sondern darin, das tun zu wollen, was man muss.

Bereitet Ihnen Führen keine Freude?

Doch. Führen bereitet mir Freude. Das schliesst nicht aus, dass immer auch Krampf, Arbeit, Mühsal, Depression, Enttäuschungen und Selbstdisziplin damit verbunden sind. Viele Leute glauben irrigerweise, Führen sei ein Privileg, weil es mit Macht verbunden ist. Aber das ist nur die eine Seite der Medaille. Die andere Seite ist die Belastung, die die Auftragserfüllung mit sich bringt. Diese Erfahrung haben alle Führungspersönlichkeiten gemacht, mit denen ich gesprochen habe. Gerade in Kriegssituationen muss Führung etwas Schreckliches sein. Wenn man es aber machen muss, dann macht man es. Dabei gibt es wohl auch freudige Zeiten. Bildlich gesprochen: Man sattelt sein Kriegspferd widerwillig, hat man sich aber einmal entschlossen, gibt man dem Kriegspferd die Sporen und galoppiert freudig drauflos!

SELBSTDISZIPLIN

Worin besteht denn diese Freude?

Es ist eine Freude, einen schwierigen Auftrag zu erfüllen, die Schwierigkeiten zu überwinden, ein Ziel zu erreichen. Das kennt der Schachspieler, gerade wenn es auch mit Problemen, mit Niederlagen und Unannehmlichkeiten verbunden war.

Was ist eigentlich das Geheimnis Ihres Erfolgs?

ERFOLG

Das weiss ich nicht. Rückblickend führe ich die nachweislich erzielten Erfolge am ehesten auf das Festhalten an den eigenen Überzeugungen zurück. Natürlich habe ich auch schon Überzeugungen geändert, aber nur, weil sich die Ausgangslage verändert hat. Ein solch seltenes Beispiel war die Stilllegung des Kernkraftwerkes Kaiseraugst. Obwohl ich noch im Ständeratswahlkampf 1987 an jeder Veranstaltung für die Notwendigkeit von Kaiseraugst plädierte, hatte ich bereits ein Konzept zur Erledigung des Projekts in der Tasche. Ich war zwar immer noch von seiner Notwendigkeit überzeugt, musste aber einsehen, dass dieses Projekt politisch und vor allem technisch nicht mehr realisierbar war. Deswegen kam es zu einem schmerzhaften zeitweiligen Bruch mit langjährigen Kampfgenossen wie dem ehemaligen Aargauer Ständerat Hans Letsch und Ständerat Julius Binder, die mir «brutusmässiges» Verhalten vorwarfen. Es dauerte eine Weile, bis die Freundschaft wiederhergestellt war.

Dann haben Sie im Wahlkampf Unwahrheiten verbreitet …

Nein, hätte ich bereits vor den Wahlen für eine Stilllegung von Kaiseraugst plädiert, wäre dies als Opportunismus ausgelegt worden. Während des ganzen Wahlkampfs hat mich auch niemand gefragt, ob Kaiseraugst überhaupt noch realisierbar sei. Die Diskussion drehte sich lediglich um die Frage, warum man das Kernkraftwerk bauen müsse.

Wie hätten Sie denn auf die erste Frage reagiert?

Für diesen Fall hatte ich bereits eine entsprechende Antwort vorbereitet. Darin hätte ich meine Zweifel an der möglichen Fertigstellung des Kernkraftwerks geäussert.

VORBILDER

Haben Sie eigentliche Vorbilder?

Bewusst nicht. Ich bewundere Churchill, obwohl er sicher ein unbequemer Mensch gewesen ist. Doch das spricht ja nicht gegen ihn. Churchill hat nach seiner Wahl dem englischen Volk keine Floskeln präsentiert, wie: «Ich danke für die Ehre. Es bedeutet für mich eine Challenge. Es ist eine Herausforderung», und wie die Sprüche alle heissen, die Politiker nach Wahlen von sich geben (als ob das jemanden interessieren würde). Er sah den schwierigen Auftrag und benannte die Wirklichkeit: «Blut, Schweiss und Tränen». Jetzt müsse Europa von der Nazidiktatur befreit werden! Es gehe um Freiheit und Demokratie! Wenn man ihn nachträglich gefragt hätte, ob das ein schöner Auftrag gewesen sei, hätte er dies vielleicht sogar bejaht. Aber beschwerlich war es auf jeden Fall. Dass er, kaum war der Krieg zu Ende und der Auftrag erfüllt, abgewählt wurde, schmälert nicht seine Grösse. Im Gegenteil, es zeigt, welche Risiken er auf sich genommen hatte. Geklagt hat Churchill darüber nicht, was wahre Grösse beweist. Den grossen Auftrag hat er erfüllt, das eigene Schicksal konnte ihm gleichgültig sein.

WAHRE GRÖSSE

Trotzdem liess sich Churchill später nochmals wählen …

Ja, im hohen Alter. Er wollte es denen, die ihn abgewählt hatten, nochmals zeigen. Das kann man ihm nicht verübeln.

Nochmals zu Churchill. Was bewundern Sie an ihm?

Ich messe ihn an der Erfüllung seines riesigen Auftrages. Er hat durchgehalten, Europa befreit. Das zählt. Diesem Ziel hat er alles untergeordnet. Er verfügte über bestechende Klarheit in der Erkennung der künftigen Entwicklung und über einen

unbändigen Willen zu handeln. Nicht sein Wohl stand im Mittelpunkt. Churchill war ein typischer Foxterrier, der seinem Auftrag hinterher war, ohne je seine geistige Unabhängigkeit zu verlieren. Es gibt schöne Episoden, die Churchills Charakter beschreiben. So wollte er am D-Day unbedingt in einem der vordersten Kriegsschiffe sitzen, die den Kanal von England her überquerten. Als ihm die Generäle dies verboten, weil der Premier nicht ins gefährdetste Boot gehört, setzte er sich schmollend in eines der hinteren, wobei er auf der spannungsgeladenen und gefährlichen Überfahrt geschlafen haben soll.
Aber ich bewundere auch andere militärische Führungspersönlichkeiten – Hannibal, Napoleon, General Suworow, den deutschen Generalfeldmarschall Rommel – oder eben auch Führungspersönlichkeiten aus der Wirtschaft, die ihr Ziel erreichten.

Aber Rommel ist letztlich doch gescheitert …

Ist er wirklich gescheitert? Rommel hat den Afrika-Feldzug nicht wegen mangelnder Führungsqualitäten verloren, sondern weil der Nachschub aus Italien nicht mehr funktionierte. Der englische General Montgomery soll Rommels Foto stets in seinem Führungspanzer mitgeführt haben, weil er dessen Führungsqualitäten und dessen Charakter hochschätzte. Bei Rommel scheint mir aber etwas anderes viel wichtiger: Er zeigte, dass man mit bescheidenen Mitteln Übermenschliches leisten kann, sofern man diese richtig einsetzt. Dies zeigte sich im Frankreich-Feldzug und in Afrika. Von seinen Strategien kann man für alle Lebensbereiche sehr viel lernen. Es ist eine der grossen Tragiken der Welt, dass dieser General für einen letztlich mörderischen und bösen Führer handeln musste und von diesem schliesslich auch umgebracht wurde, womit wir wieder bei der Motivfrage angelangt wären.

FÜHRUNGSSTRUKTUREN

Organisation im persönlichen Bereich

Wie organisieren Sie eigentlich Ihre Zeit?

VERLORENE ZEIT

Das wertvollste Mittel zur Auftragserfüllung ist die Zeit und nicht das Geld. Verlorenes Geld kann man in der Regel wieder retten, indem man ein neues und besseres Projekt startet. Verlorene Zeit holt man nie zurück. Obwohl ich kein Fünf-Minuten-Programm habe, verfolge ich einige wichtige Grundsätze. Ich nutze die Zeit gut, plane meine Zeit. Auch die Ruhezeiten. So verfolgte ich früher den Grundsatz: Arbeit bis Samstagabend. Keine Arbeit nach Samstag 17.00 Uhr und den ganzen Sonntag. Leider ist das als Bundesrat nicht mehr möglich. Trotzdem achte ich auch jetzt darauf, dass ich einen Tag pro Woche «arbeitslos» bin. Ein Tag, an dem ich weder Zeitung lese noch Radio höre, noch Fernsehen schaue. Die aufgestaute Arbeit erledige ich an einem anderen Tag. Es ist interessant, die grossen Weltreligionen mögen noch so verschieden sein, aber einen Wochentag als Ruhetag kennen alle. In der säkularisierten Gesellschaft muss es ja nicht unbedingt der Sonntag sein.

Wie lange schlafen Sie?

SCHLAF

Ich habe den Vorteil, dass ich nur wenig Schlaf benötige. Vier bis fünf Stunden reichen mir im Normalfall. Wenn ich jeweils um halb eins ins Bett gehe, wache ich – ohne Wecker – um halb sechs Uhr wieder auf.

Wie kann man die Zeit in der Führung nutzen?

Keine Zeit vergeuden mit Nebensächlichkeiten. Ich schaue nie fern, auch heute nicht. Fernsehen ist Zeitverlust.

Viel Zeit gewinnt, wer mit einem konsequenten Antragssystem führt. Das gelingt nur, wenn man dieses System von seinen Mitarbeitern auch verlangt, aber konsequent. Keine Fragen! Aufgrund der hohen Präsenzzeit in meiner Firma benötigte ich immer zwei Sekretärinnen. Diese nahmen mir viel ab. So gewann ich Zeit. Das gilt auch heute an meinem Platz. Ohne Sekretärinnen wäre ich verloren. Alles, was ich abgeben kann, delegiere ich weiter. Deswegen habe ich einen leeren Schreibtisch.

Also kein leeres Büro mit vollen Schubladen?

Nein, aber in meinem Büro gibt es auch eine unterste Schublade, die mit Dingen gefüllt ist, welche ich nicht behandeln will, weil sie unwichtig sind.

Sterbehilfe beispielsweise?

Nein, nein. Das nicht. Wir bearbeiteten dieses Dossier intensiv, fanden aber lange keine befriedigende Lösung. Viele Diskussionen, Vorabstudien, viele Brainstormings mit Ethikern, Strafrechtsprofessoren, Psychiatern, Ärzten und anderen Fachleuten, Theologen, Strafrechtlern, Staatsanwälten, Leuten von Sterbehilfeorganisationen wurden durchgeführt. Schliesslich reifte die Erkenntnis, dass man die Sterbehilfe rechtlich nicht neu regeln darf. Auch wenn Ärzte darauf drängen, das Töten zu erlauben, damit sie die Verantwortung im Extremfall nicht tragen müssen, muss es verboten bleiben. Wer das Töten regelt, erlaubt es. Töten muss grundsätzlich verboten bleiben. Es kann aber Extremfälle geben, in denen man es aus höherer Verantwortung tut. Auf jeden Fall sind Missbräuche strafrechtlich strenger zu ahnden. Seit zum Beispiel der Kanton Aargau dies tut, ist der Sterbetourismus praktisch unterblieben, und die Klagen darüber sind verschwunden.

Haben Sie immer noch keinen Computer?

Nein, das benötige ich nicht. Ich habe genug Mitarbeiter, die diesen bedienen können. Wie soll ich einen Computer bedienen, wenn ich nicht einmal eine Schreibmaschine benutzen kann? Seit ich im Bundesrat bin, habe ich aber gelernt, SMS zu schreiben. Es geht zwar noch ein bisschen langsam, doch es funktioniert. Ich brauche erst ein Handy, seit ich im Bundesrat bin, weil ich rund um die Uhr erreichbar sein muss. Vorher kam ich auch sehr gut ohne Handy aus.

Wie sind Sie erreichbar?

Meine Sekretärin weiss, wie ich erreichbar bin. Sie kann mich verbinden. Sie gibt den Aufenthaltsort aber niemandem bekannt.

Wie führen Sie die Agenda?

Das Führen der Agenda ist Chefsache. So etwas Wichtiges wie die Zeiteinteilung kann man niemand anderem überlassen. Dies gibt einem auch die Möglichkeit, bestimmte Zeitreserven für Unvorhergesehenes zu schaffen. AGENDA

Haben Sie zwei Agenden?

Nein. Aber meine Sekretärin und meine Frau führen parallel die gleiche. Als engste Mitarbeiterinnen müssen sie im Bilde sein. Und sollte meine verlorengehen, haben wir einen Ersatz. Ich habe immer noch eines jener schwarzen Büchlein, wo man die Daten von Hand eintragen muss. Leider gibt es diese nur noch selten.

Vom ehemaligen deutschen Bundeskanzler Helmut Kohl erzählte man sich, dass er seine Macht durch permanentes Telefonieren ausgeübt habe. Pflegen Sie auch eine solche Methode?

Nein, ich habe kein solches System, obwohl man beim Telefonieren sehr viel erfährt und auf diese Weise auch seine Bot-

AUGENKONTAKT

schaft weitergeben kann. Ich selbst lasse die Leute gerne zu mir kommen. Der Augenkontakt ist mir wichtig. Dabei versuche ich auch, ausserhalb des Traktandierten weitere Themen anzusprechen. Bei solchen Gesprächen lernt man sein Gegenüber besser kennen und erfährt viel über die «Untergründe». Das hilft bei der Entscheidung.

Entscheiden Sie schnell?

ENTSCHEIDEN

Mittlerweile entscheide ich im Allgemeinen schnell. Oft erkenne ich bereits nach wenigen Minuten, ob man einen Antrag zurückweisen muss oder nicht. Das zeigt sich bereits bei der Darstellung. Wenn ein Problem sauber analysiert ist und die aufgeführten Varianten hieb- und stichfest sind, erkläre ich mich mit den gemachten Vorschlägen grundsätzlich einverstanden. In den meisten Fällen fordere ich meine Untergebenen aber auf, die eine oder andere Variante noch exakter auszuarbeiten. Dank dieser Methode kann ich während einer Stunde rund 20 bis 30 Anträge bearbeiten. Voraussetzung für eine solche Führungsroutine ist die Erfahrung, die man mit zunehmendem Alter gewinnt. Heute benötige ich viel weniger Zeit, um zu entscheiden, als in meinen jungen Jahren.

Organisation im unternehmerischen Bereich

Machen Sie Budgets?

Ja. Im Geschäft tat ich dies mit einer monatlichen Kontrolle. Diese Budgets waren einzuhalten. Immer am fünften Tag jedes Monats kannte ich von allen Betrieben und Produkten auf der ganzen Welt die Zielerreichung. Dank moderner Kommunikationsmittel ist das sehr einfach geworden. Um es zu realisieren, benötigt man lediglich ein sauberes Planungssystem. Innerhalb von fünf Minuten lässt sich so eine Abweichung lokalisieren. Bei mehr als fünf Prozent Abweichung hatten die Verantwortlichen innerhalb von fünf Tagen die Problemanalyse, die Gründe und allfällige Massnahmen vorzulegen. War ich damit nicht zufrieden, wurde es innerhalb von fünf Tagen besprochen. Bei der Analyse war und bin ich sehr streng. Diese zwingt die Mitarbeiter zur richtigen Budgetierung. Bei Abweichungen von einem bis fünf Prozent musste jeder selbständig handeln und informieren. Im Departement beschränken wir uns auf Quartalskontrollen.

PLANUNGS-SYSTEM

Haben Sie monatliche Bilanzabschlüsse gemacht?

Nein. Das war nicht nötig, das genügte auch quartalsmässig. Zudem: Der Bereich Finanzen ist der einzige, der zentral in meiner Hand blieb. Um ein Profit-Center zu führen, braucht man Forschung, Entwicklung, Produktion, Marketing und Verkauf – aber keine Finanzen. Allen Bereichen, die über flüssige Mittel verfügten, nahm ich diese unverzüglich weg.
Die Finanzkompetenz war das Einzige, was ich nicht aus den Händen gegeben und zentral geregelt hatte.
Mit viel Geld kann man auch viel Dummes tun. Wenn man die Mittel nicht hat, dann muss man sie beantragen. So wird man gezwungen, sich das Ganze besser zu überlegen.

FINANZEN ZENTRAL

Wenn Sie die verschiedenen Kennzahlen wie Gewinn, Aktienkurs oder Wertsteigerung vergleichen, welche ist für Sie die wichtigste?

AKTIENKURS

Auf längere Frist betrachtet, die Entwicklung des Firmenwertes, das heisst des Aktienkurses. Dieser ist Ausdruck der Ertragskraft und des Gewinnpotentials einer Firma.
Aber ein Unternehmer hat in jedem Jahr wieder andere Ziele. Generell wichtig ist der Betriebsgewinn. Der Gewinn ist das Blut des Unternehmens. Die Gewinnmarge im Vergleich zur Konkurrenz zeigt die Firmenstärke. Aber es gibt auch Zeiten, in denen die Gewinnerzielung nicht vorrangig ist. Forschungsergebnisse, Markterschliessung und dergleichen können zwischenzeitlich Vorrang haben. Das wird durch die Strategie diktiert.

FIRMENSTÄRKE

Wichtig ist aber auch, dass man die zwischenzeitlich brachliegenden, flüssigen Mittel richtig anlegt, um Finanzgewinne zu erzielen. Solche Gelder legte ich eher wie ein Industrieller an und weniger wie ein Bankier.

FINANZGEWINNUNG

Ein Beispiel dafür: Als der Börsenkurs der ABB-Aktie unter zwei Schweizer Franken gesunken war – viele hatten die Firma gar abgeschrieben –, mussten wir in der EMS-CHEMIE-HOLDING zwischenzeitlich 100 Millionen Schweizer Franken anlegen. Die Produkte, die Marktstellung und die Zukunftschance von ABB kannte ich wenig. Was ich aber kannte, war das oberste Management, den damaligen Verwaltungsratspräsidenten und CEO Jürgen Dormann. Diesen kannte ich von seiner Zeit bei Hoechst, und auch sein Finanzchef Peter Voser war mir bereits als sehr guter Manager aufgefallen.
Darum investierte ich den ganzen Betrag in die ABB. Weder in das Produkt noch in die Chancen, sondern in die führenden Personen. Getreu dem Grundsatz: Eine gute Führung hat Erfolg. Auch diese Investition bewies erneut die Richtigkeit dieser Lebenserfahrung.
Man wird einwenden wollen, dass wir das Geld auch hätten verlieren können. Das stimmt. Darum hat man als Industrie-

unternehmer in einem solchen Fall stets auch den Worst Case – den schlimmsten Fall – miteinzubeziehen. Falls dieser eintritt, darf das Unternehmen nicht zugrunde gehen.

Sie haben also eine situative Betrachtungsweise ...

Nehmen wir als Beispiel nochmals die EMS-Gruppe. Zusammen mit der heute abgespaltenen EMS-DOTTIKON AG, heute DOTTIKON ES AG, ist die Börsenkapitalisierung heute etwa viereinhalb Milliarden Franken. Die Reingewinnmarge liegt zwischen 17 und 20 Prozent. Das liegt deutlich über dem Branchendurchschnitt und signalisiert das hohe Vertrauen, das der Firma entgegengebracht wird. Es ist Ausdruck der situativen – das heisst der situationsentsprechenden – Betrachtungs- und Handlungsweise. Als Unternehmer muss man nicht gut sein, sondern nur weniger schlecht als die Konkurrenz.
Zur Veranschaulichung folgende Geschichte: Zwei Kollegen wandern durch die Steppe. Plötzlich kommt ein Löwe. Der eine Wanderer zieht unverzüglich seine Turnschuhe an, worauf der andere lästert: «Du glaubst doch nicht im Ernst, dass du damit schneller bist als der Löwe.» «Nein», antwortet der Erstere, «muss ich auch nicht. Es genügt, wenn ich schneller bin als du.» So ist der tägliche Konkurrenzkampf.

KONKURRENZKAMPF

Glauben Sie an wirtschaftliche Zyklen?

Auf jeden Fall. Anfang der neunziger Jahre versuchten mich verschiedene Wirtschaftsexperten davon zu überzeugen, dass es keine Wirtschaftszyklen mehr gebe. Solche Schwankungen seien aufgrund der Ausgleichsinstrumente der Notenbanken unmöglich geworden. Ich antwortete jeweils: «Das mag in der Theorie so sein, doch in der freien Marktwirtschaft gibt es immer auch Zeiten von Überangeboten und Übernachfragen.» In meinem Unternehmen habe ich das Management gerade in Rezessionszeiten zu Investitionen ermuntert. Kaum herrschte Hochkonjunktur, warnte ich davor, denn die Rezes-

WIRTSCHAFTSZYKLEN

sion werde kommen. Das antizyklische Verhalten, das heisst das Gegen-den-Strom-Schwimmen, benötigt viel Kraft und Mut, zahlt sich aber aus. Bereits in der Bibel ist von den sieben fetten und den sieben mageren Jahren die Rede. Es ist die Kunst des Unternehmers, solche Zyklen zu erkennen. Dazu benötigt man auch Lebenserfahrung.

Haben Sie diese Zyklen privat auch erlebt?

Nein, der Mensch entwickelt sich ständig, fällt zwar auch zurück und lernt aus den gemachten Fehlern. Das macht den Wert der Erfahrung aus. Natürlich lebt der Mensch nicht in einem steten Hoch. Er hat auch Tiefs. Auch ich habe Führungsfehler begangen und musste daraus lernen.
Einmal haben wir auf meinen Antrieb hin – es war in den siebziger Jahren – einen Spezialmotor entwickelt, der mit Druckluft und Wasserstoff arbeitete. Eine grossartige Sache! Schadstoffarm und billig. Wir konnten mit dem eigens entwickelten Motor zwar auf dem See herumfahren, doch es gab für den Wasserstoff keine Zapfsäulen. Wir waren 30 Jahre zu früh. Schliesslich beendete ich das Projekt, das mich trotz des Verkaufs der Erfindung rund 15 Millionen Franken gekostet hatte. Die Lehre war einfach: «Schuster, bleib bei Deinem Leisten. Konzentriere Dich auf Dein Gebiet und auf Deine Stärken!» Solche Erlebnisse prägen.

FÜHREN IN DER FAMILIE

Wenden Sie Ihre Führungsprinzipien auch in der Familie an?

Selbstverständlich. Überall, wo ein gemeinsames Ziel erreicht werden will, muss in schwierigen Situationen geführt werden. Führungsprinzipien gelten in jeder Gemeinschaft – auch in der Familie. Als ich heiratete, wusste ich, dass ich nicht mehr frei nach eigenem Gusto handeln konnte. In diesem Moment haben meine Frau und ich eine gegenseitige Verantwortung übernommen, die sich noch verstärkte, als wir Kinder kriegten. Vater und Mutter tragen Verantwortung für die Kinder. Diese ist wahrzunehmen.

Eine Ihrer Devisen lautet «Verantwortung ist unteilbar». In der Familie wird dieses Prinzip aber durchbrochen.

VERANTWORTUNG ZU ZWEIT

Solange etwas von selbst funktioniert, braucht es auch keine Führung. Da kann auch die Verantwortung zu zweit gemeinsam ausgeübt werden. Sobald eine schwierige Situation eintrifft, zählt die unteilbare Verantwortung. Zwei, die völlig unterschiedlicher Meinung sind, können weder gemeinsam führen noch gemeinsam die Verantwortung tragen. Das gilt auch in der Familie. Sobald die Familie grösser wird, ist es zweckmässig, eine Auf- und Zuteilung der Verantwortungsbereiche vorzunehmen. Das klingt etwas technisch, erfolgt aber meist stillschweigend. Es ist auch viel einfacher und führt zu weniger Konflikten, wenn die Bereiche aufgeteilt werden, als wenn beide zusammen meinen, stets das Gleiche tun beziehungsweise nicht tun zu müssen.

TRADITIONELLE EHE

Obwohl ich mir auch andere Ehemodelle vorstellen könnte, haben wir uns für eine traditionelle Ehe entschieden. Meine Frau hat sich nach der Geburt unserer Kinder aus dem Berufsleben zurückgezogen und sich vollständig der Familie gewidmet. Damit hat sie die Verantwortung für Familie, Kinder,

Haus und Garten übernommen. Dadurch konnte ich meine ganze Kraft in meinen Beruf investieren. Ich bin froh, dass zu Hause meine Frau sagt, was gilt. Sie entscheidet, wann oder was gekocht wird, was im Haus renoviert, was im Garten geändert wird. Wir hatten nie Mühe mit diesem Prinzip. Gerade innerhalb der Familie nimmt die Verantwortung einen wichtigen Stellenwert ein. Vier Kinder richtig zu erziehen und aufzuziehen ist ja eine anspruchsvolle Aufgabe.

Ihre Familie ist trotzdem ein Sonderfall. Es ist nicht selbstverständlich, dass die Entwicklung von vier Kindern bei einem so überengagierten Vater so problemlos verläuft.

Das stimmt schon. Es ist keine Selbstverständlichkeit. Alle sind heute erwachsen, zwischen 30 und 37 Jahre alt. Glück war auch dabei. Es hätte sicher auch anders laufen können, deshalb hüte ich mich, erzieherische Ratschläge zu geben. Nur so viel: Das hohe Engagement des Vaters ausserhalb des Hauses braucht kein familiäres Hindernis zu sein, wenn das Motiv dieses Engagements stimmt. Die Kinder nehmen nämlich an diesem Engagement teil.

Ihre Tochter Magdalena ist Mutter und selber berufstätig. Widerspricht dies nicht ihrem Familienbild?

Nein. Ich hänge nicht an einem bestimmten Bild. Magdalena und ihr Mann sind mit den Kindern eine traditionelle Familie, wobei die Eltern beide berufstätig sind. Für die Kindererziehung und -betreuung sorgt tagsüber eine Nanny, für den Haushalt haben sie eine Hilfe. Abends und an den Wochenenden sind beide Elternteile für die Familie engagiert. Wie sie die Verantwortung aufteilen, ist ihre Sache.

SELBSTVERWIRKLICHUNG

Jedenfalls merken wir nichts von Selbstverwirklichung. Die Familie unseres Sohnes – in Erwartung ihres dritten Kindes – hat das traditionelle Familienmodell gewählt. Er führt das Unternehmen DOTTIKON ES AG, seine Frau betreut die Kinder und führt den Haushalt. Viel persönliche Freizeit bleibt da in beiden Familien nicht.

Wie haben Sie Ihre Kinder erzogen?

ERZIEHUNG

Die Erziehung unserer Kinder lag im Wesentlichen bei meiner Frau. Natürlich wendeten wir beide gemeinsam die gleichen Erziehungsregeln an. In ganz schwierigen Situationen, namentlich während der Pubertät der Kinder, war nicht nur meine Meinung, sondern auch die handfeste Präsenz gefragt. Doch das ist in diesem Lebensabschnitt normal. Meine Frau hat mich manchmal völlig verzweifelt im Büro angerufen, damit ich ihr den Rücken stärkte. Aber wir haben auch diese anstrengenden Zeiten alle wohlbehalten durchgestanden. Rückblickend gesehen, sind unsere Kinder in einer sehr schwierigen Zeit aufgewachsen. In den sechziger und siebziger Jahren schwor man auf die antiautoritäre Erziehung und räumte den Kindern jede Schwierigkeit aus dem Weg. Wir haben einen anderen Weg gewählt. Erziehen heisst die Kinder auf das Erwachsenenleben vorbereiten. Dort werden sie auf Schwierigkeiten stossen, die sie überwinden müssen. Aufgabe der Eltern ist, das Kind zu lehren, Schwierigkeiten zu überwinden, ohne dass es daran verzweifelt. Geführt sollen die Kinder ihrem Alter und ihren Fähigkeiten gemäss lernen, die Probleme selbständig zu lösen, ohne über- oder unterfordert zu werden. Wir haben unseren Kindern klare Werte mitgegeben, vor allem durch unser Vorbild. Alle unsere Kinder sind heute unternehmerisch tätig, obwohl ich dies von ihnen weder gewünscht noch verlangt habe. Unsere Kinder waren bei der Wahl ihres Studiums frei.

ANTIAUTORITÄRE ERZIEHUNG

Legten Sie bei der Ausbildung Ihrer Kinder Wert auf ein Studium?

Nein, überhaupt nicht. Im Gegenteil. Ich empfahl meinen Kindern: «Ihr müsst einen praktischen Beruf lernen. Schlosser,

Mechaniker, Kauffrau oder so etwas. Studieren könnt ihr immer noch.» Doch ich hatte keinen Erfolg. Auch die Lehrer drängten die Kinder zur Mittelschule und zum Studium. Vielleicht haben sie studiert, um mich ein bisschen zu ärgern oder um zu zeigen, dass sie ihren eigenen Weg gehen wollen. Das ist bei Kindern in diesem Alter so.
Unser Sohn Markus wollte lange Zeit Bäcker/Konditor werden, was wir sehr unterstützt hätten. Aber nach der Schnupperlehre und einem Besuch beim Berufsberater fasste er ein anderes Ziel ins Auge. Im Nachhinein bin ich selbstverständlich stolz, dass alle einen eigenständigen Weg eingeschlagen haben. Es besteht immer die Gefahr, dass man den eigenen Werdegang als Vorbild nimmt: Vor meinem Jurastudium habe ich eine landwirtschaftliche Lehre absolviert. Eigentlich bin ich Bauer. Das ist mein einziger richtig erlernter Beruf.

Trotzdem arbeiten zwei Ihrer Kinder nun in der Firma …

Unterdessen sind es ihre eigenen Firmen. Auch dies ist nicht selbstverständlich. Für mich war immer klar, dass nicht alle Kinder in der Firma arbeiten können. Wären sie für das Unternehmertum nicht befähigt gewesen, hätten wir die Firma verkauft, was bei einer Aktiengesellschaft keine grosse Schwierigkeit darstellt. Als die Kinder jünger waren, konnten sie sich nicht vorstellen, einmal in meiner Firma zu arbeiten. Sie wollten ihre Karriere nicht vom Namen Blocher, sondern von der eigenen Tüchtigkeit abhängig machen. Sie wollten selber etwas erreichen. Diese Haltung gefiel mir. Bezeichnenderweise haben alle ihre ersten beruflichen Erfahrungen ausserhalb unserer Firma gesammelt.

Haben Ihre Kinder Sie zum Vorbild genommen?

Nun, in vielem scheint es so. Aussenstehende sagen, im Führungsverhalten gebe es viele Ähnlichkeiten. Wahrscheinlich haben sie das unbewusst übernommen und ich habe es un-

bewusst weitergegeben. Dazu nur ein Beispiel: Die Produktionsbetriebe von EMS produzieren 365 Tage während 24 Stunden im Jahr. Also gibt es immer Mitarbeiter, die auch in der Nacht arbeiten. So auch in der Silvesternacht. Also besuchte ich jedes Jahr in der Silvesternacht zwischen 23.00 Uhr und 1.00 Uhr die Schichtarbeiter in unserem Werk in Domat/Ems, um jedem einzelnen ein gutes neues Jahr zu wünschen. Das schätzten die Mitarbeiter. Sie spürten: Der oberste Chef nimmt sich sogar Zeit über Silvester, wenn die meisten wahrscheinlich am Feiern sind, und entbietet uns seine Wertschätzung.
Meine Frau fand dies jeweils nicht so toll. Sie sagte: «Andere Leute feiern mit den Kindern und Freunden. Wir fahren stattdessen ins Bündnerland, und du gehst durch die nächtlichen, einsamen Produktions- und Werkhallen.» Ich erwiderte jeweils: «Du hast recht, aber wir haben halt eine andere Aufgabe.» Bald schon begleiteten uns die Kinder. Für sie waren die nächtlichen Besuche anfänglich von hohem Interesse und ein freudiges, besonderes Ereignis, später bedeuteten sie vielleicht eher eine Pflichtübung.
Erst heute realisiere ich, dass meine Tochter, die jetzt die EMS leitet, an Silvester das Gleiche tut. Eine solche Sache überträgt sich, aber es steckt noch mehr dahinter: Die Einstellung zum Arbeiter, zum Unternehmen. Führung durch Vorbild ist einfach!

Eine andere Tochter wurde jetzt auch zur Unternehmerin, sie kaufte das «Läckerli-Huus». Woher dieses Unternehmertum?

Das müsste man meine Tochter Miriam selber fragen. Aber zu Hause am Familientisch ging es immer um das Unternehmen und um unternehmerische Fragen. Und gegenüber Journalisten sagte Miriam, dass sie der Neujahrsgang durch das Werk in Domat/Ems jeweils sehr beeindruckt habe. Als ich das las, sagte ich zu meiner Frau: «Siehst du, wären wir auf diese einfältigen Partys gegangen, hätten wir Tischbomben hochgehen lassen und mit Freunden auf das neue Jahr angestossen, hätte das nie diese Wirkung gehabt!»

Da liegt das Unternehmertum vielleicht im Blut, wie aber halten es Ihre Kinder mit der Politik?

SCHATTEN DES VATERS

Die politische Grundauffassung teilen unsere Kinder mit uns. Natürlich gibt es Differenzen in Einzelfragen. Bis heute ist keines politisch tätig. Für Kinder sehr bekannter und vor allem profilierter Politiker ist eine politische Tätigkeit schwierig. Sie laufen Gefahr, dass sie stets im Schatten des Vaters bleiben, gleichgültig, ob sie das Gleiche oder das Gegenteil vertreten. Wir haben unsere Kinder aber sehr bewusst zur Selbständigkeit erzogen, und diese Selbständigkeit können sie als Unternehmer besser leben als in der Politik, wo der Vater so aktiv und überall präsent ist. Ob sie einmal Lust verspüren, in die Politik zu gehen, werden wir sehen.

Was ist für Sie der wichtigste Punkt in der Erziehung?

GRUND-VERTRAUEN

Zweifelsohne, dass Kinder ein Grundvertrauen in sich und den Lauf der Welt bekommen. Das Vertrauen, dass sie alle Lebenssituationen meistern werden. Das ist wohl eine Sache der Lebenseinstellung, des Grundvertrauens oder, wenn Sie wollen, des Gottvertrauens. Der grosse Schweizer Maler Albert Anker (1831–1910), der in meiner Gemäldesammlung einen wichtigen Platz einnimmt, formulierte und malte treffend: «Siehe, die Welt ist nicht verdammt.»

Was verstehen Sie unter Grundvertrauen?

Die Gewissheit, dass die Erde besteht ohne unser Zutun. Dass das Leben gegeben ist und wir nicht verlorengehen. Insofern stehen wir alle unter der Gnade Gottes. Der Lebensweg ist vielleicht oft nicht schön, nicht gradlinig. Er kann hart und unbequem sein; viele Hindernisse sind zu überwinden. Doch – und das ist tröstlich – wir können die Gewissheit haben, dass jeder und jede dieses Leben bestehen wird. Das beginnt bereits im Kleinen. Ein unbedeutendes Beispiel: An Sonntagnachmittagen sassen wir im Sommer jeweils im Garten. Die Kinder waren um uns herum. Bereits nach wenigen Minuten begann das Geklöne, es sei ihnen langweilig. Wir besassen keinen Fernsehapparat und praktisch keine Vergnügungseinrichtungen. Das Geklöne wurde immer mühsamer. Aber jetzt kommt der entscheidende Punkt: Nachdem wir eine Stunde hin und her diskutiert hatten mit der Aufforderung, sie sollten selbst etwas tun, sich selbst beschäftigen, änderte sich die Situation. Die Kinder begannen – weil sie keine andere Möglichkeit hatten –, sich mit der Situation abzufinden, und überlegten sich, wie man den restlichen Nachmittag sinnvoll gestalten könnte. Plötzlich organisierten sie Tücher, bauten Hütten und Indianerzelte, und schon nach kurzer Zeit begann ein Riesenfest. Das ist der entscheidende Punkt: Hätten wir bereits nach der ersten Reklamation resigniert, wäre der Nachmittag ganz anders verlaufen, ohne die Erfahrung, dass man Schwierigkeiten auch selbst überwinden kann. Diese Stunde war notwendig und hat, rückblickend gesehen, erzieherisch sehr viel bewirkt. Ein anderes Beispiel: Als die Kinder älter wurden, stellte sich die Frage des Ausgangs am Samstagabend. Wir haben angeordnet, dass unsere Kinder im Mittelschulalter, also ab 16 Jahren, spätestens mit dem letzten Zug nach Hause zurückkehren müssten. (Meine Frau war da etwas strenger als ich.) Einmal hatte unser Sohn in Zürich den letzten Zug verpasst. Auf die Frage am Telefon, was er jetzt mache, entschied er, die vorher festgelegte Sanktion auf sich zu nehmen und zu Fuss die 15 Kilometer lange Strecke nach Meilen, unserem damaligen Wohnort, zurückzulegen. Wir boten ihm keine Alternative an. Durch Konsequenzen lernt man Regeln befolgen.

Da besteht auch das Risiko, dass etwas passiert …

Selbstverständlich besteht ein Risiko. Meine Frau war sehr unruhig, bis er endlich zu Hause ankam. Bei jeder Regel haben die Eltern abzuschätzen, was das Kind erträgt, auch die Fol-

STRAFE

gen, falls es die Anordnung nicht einhält. Eine Strafe sollte immer eine logische Folge des Nichteinhaltens einer Ordnung sein. Falsch wäre es, eine Strafe anzuordnen, um ein Kind zu schikanieren. Sie verfehlt jegliche Wirkung. Kinder sind in solchen Dingen sehr sensibel und realisieren schnell, ob sich ihre Eltern nur als die Stärkeren darstellen wollen oder ob sie es im guten Sinne meinen, um sie zu erziehen. Wenn man Kindern klare Regeln gibt, akzeptieren sie auch die Sanktionen, wenn sie diese verletzen! Oft hatten wir bei diesen Sanktionen grosses Mitleid mit dem Sünder, was zeigt, dass gute Führung häufig auch sehr unangenehm sein kann.

Wie hat Ihre Frau auf diese Strafe reagiert?

Sie fand sie etwas sehr hart.

Hätten Sie bei einem Mädchen gleich reagiert?

Wohl kaum. Die Gefahren wären zu gross gewesen. Schliesslich wurde es Morgengrauen, bis unser Sohn in Meilen eintraf. Wir versuchten unsere Kinder auch zu einer gewissen Unabhängigkeit von materiellen Dingen zu erziehen. Massgebend war der Gedanke, dass sie später ohne weiteres mit mehr Geld zurechtkommen würden als umgekehrt. Während des Studiums erstellte meine Frau mit jedem ein Budget und gab ihm den entsprechenden Betrag, immer mit dem Hinweis, wenn es nicht reiche, solle es sich melden. Seither hat jedes seine Einnahmen selbst verwaltet. Unsere Kinder hatten auch kein eigenes Auto, bevor sie es sich selbst kaufen konnten. Das Bestreben, die Kinder zur Selbstverantwortung und Selbständigkeit zu erziehen, ist in hohem Mass geglückt. Als unser Sohn Markus seine erste Stelle nach dem Studium bei McKinsey antrat, benötigte er erstmals einen Anzug und Krawatte. Für den Kauf dieser Kleider fehlte ihm das Geld, da er den Lohn ja erst Ende Monat ausbezahlt bekam. Er fragte mich um ein Darlehen, das ich ihm gewährte. Nicht Geiz war das

SELBSTVERANTWORTUNG

Motiv, sondern die Erziehung zur Selbstverantwortung. Diese Erziehung kommt den Kindern als jungen Unternehmern sehr zugute. Kürzlich sagten mir unsere Kinder, dass sie rückblickend dankbar seien für die konsequente Erziehung.
Meine Frau würde jetzt zusätzlich betonen: Natürlich hat das Aufziehen unserer Kinder nicht nur im Aufstellen von Regeln bestanden. Wir haben auch viel mit ihnen unternommen, gespielt und gelacht, Bilderbücher erzählt, gemalt und gebastelt, diskutiert und getröstet. Wir sind dankbar, dass unsere Kinder grosszügige und fröhliche Menschen geworden sind, die mit beiden Beinen auf dem Boden stehen und ihr Leben gut meistern.

Sind Sie auch schon über das Ziel hinausgeschossen?

Sicher auch. Um Fehler kommt man nicht herum. Auch das ist in Kauf zu nehmen. Vielleicht wäre es mit der einen oder anderen Erleichterung auch gegangen. Meine Frau und ich hatten oftmals Diskussionen über die richtigen Erziehungsmethoden und stellten uns selbst auch die Frage, warum – etwas salopp gesagt – «so en riiche Siech» seinen eigenen Kindern kein Auto kaufen könne. Doch Erziehung ist Ermessenssache. Entscheidend ist auch hier das Motiv, das dahintersteckt. Stimmt das Motiv, fällt auch einmal eine als zu hart empfundene Sanktion nicht ins Gewicht. Auch Kinder spüren, ob man etwas aus Liebe tut oder nicht.

ERZIEHUNGSMETHODEN

ERMESSENSSACHE

Viele Eltern haben Angst vor den Drogen …

Ja, das verstehe ich gut. Unsere Kinder mussten durchs Drogenmilieu zur Schule. Sie sind in Zürich in die Mittelschule gegangen, und der Hauptbahnhof und der dahinterliegende Platzspitz gehörten in den achtziger Jahren zur Drogenszene. Das erhöhte die Gefahr, in die Drogen abzustürzen. Für uns war klar: Wir hätten alles unternommen, um ein Kind im Falle eines Falles von den Drogen wegzubekommen.

Alles?

Ja, alles. Auch Freiheitsentzug wäre in Frage gekommen. Wenn es nichts anderes mehr gegeben hätte, als das Kind so zu therapieren, hätten wir es gemacht. Wer für Konsequenz in der Drogenpolitik steht, hat deshalb die Menschen nicht weniger gern, im Gegenteil. Wir lieben unsere Kinder. Also hätten wir sie doch nicht einfach den Drogen überlassen können.

DROGENPOLITIK

Härte heisst nicht unbedingt Erfolg …

Nein, natürlich nicht. Ich sagte: «Wenn es nichts anderes gegeben hätte.» Härte um der Härte willen ist Unsinn. Zum Glück ist der Fall nie eingetreten, und ich weiss daher auch nicht, welche Methode Erfolg gehabt hätte. Im Bekanntenkreis haben wir das allerdings erlebt. Auf der politischen Ebene würde ich nie Massnahmen vorschlagen, die wir nicht auch unseren Kindern zugemutet hätten. Das gilt auch bei den Strafen.

Wie wurden Sie selbst erzogen?

Ich bin das siebte von elf Kindern. Um bei so vielen Kindern den «Laden im Griff zu behalten», müssen Eltern unter diesen Bedingungen etwas strengere Regeln aufstellen, als wenn es nur zwei sind. Man stelle sich das gemeinsame Essen vor: Vater und Mutter mit elf Kindern! Da kann nicht jedes tun, was es will. Mein Vater sass jeweils oben am Tisch. Sprechen durfte man nur mit Erlaubnis. (Meine Frau und ich haben eine solche Regelung später – nur schon mit vier Kindern – manchmal vermisst!) Wir wurden streng, aber liebevoll erzogen. Als Kind gab es auch hie und da Schläge auf den Hintern. Ich bekam sie, wenn ich besonders frech war. Ich habe das aber nie als Demütigung empfunden. Mein Vater war keineswegs kalt und bösartig, er liess uns Kinder immer eine grosse Liebe spüren. Selbst bei den Strafen. Die Mutter brachte solche Strafen dann schwerer über sich.

Waren Sie frecher als Ihre Geschwister?

Mag sein – unter all den lieben Schwestern! Später habe ich wohl besonders stark pubertiert. Ich erinnere mich an meine Sekundarschulzeit, als mein Vater am Tisch einmal eröffnete, mein Lehrer sei nicht zufrieden mit meinen Schulleistungen. Ich äusserte mich sehr despektierlich über unseren Lehrer, zur heimlichen Freude meiner Geschwister, und sagte zur Provokation des Vaters, der Lehrer sei ein «Schafseckel». Das war am Pfarrhaustisch, wo man nicht einmal das Wort «Chaib» benutzen durfte, eine Ungeheuerlichkeit. Mein Vater rügte mich und schickte mich sofort vom Tisch weg in mein Zimmer. Eine solche Sprache wolle er nicht am Tisch haben. Es war eine klare Grenze, wie sie Kinder in der Pubertät suchen! Ich bin vom Vater stets liebevoll und streng erzogen worden. Die Mutter verlangte dasselbe, aber manchmal fehlte ihr die Kraft zur Durchsetzung. Ich erinnere mich jedenfalls gerne an meine schöne Jugendzeit zurück.

KLARE GRENZE

Hatten Sie auch Freiräume?

Viel Freiraum. Mit elf Kindern kann man als Eltern die Kinder nicht überbetreuen. Ich habe heute das Gefühl, wir seien im Sommer am Morgen vors Haus gestellt und zum Mittagessen wieder reingenommen worden. Wir wuchsen über dem Rheinfall, also an einer gefährlichen Stelle des Flusses, auf. Als kleiner Bub spielte ich oft an einem Kanal, den ein gescheiterter Unternehmer ungenutzt zurückgelassen hatte, oberhalb des Rheinfalls. Obwohl meine Mutter wusste, wo ich war, und Angst hatte, es passiere etwas, musste sie vieles auch zulassen. Sie brauchte und hatte – wie ich mich erinnere – sehr viel Gottvertrauen.

Ich selbst verbrachte den Grossteil meiner Jugend auf dem benachbarten Bauernhof. Obwohl die Ausschliesslichkeit, mit der ich dies tat, meinem Vater etwas ungeheuerlich war, liess man mich gewähren. Als ich ihm eröffnete, ich wolle Bauer

BAUER OHNE HOF

werden, riet mir mein Vater ab. Nicht, weil er den Beruf nicht schätzte, sondern weil wir kein Geld hatten, um einen Hof zu kaufen. Am Schluss sei ich Bauer ohne Hof, also ein Leben lang Bauernknecht. Trotzdem liess er mich meinen Kopf durchsetzen. So suchten mein Vater und ich an einem kalten Wintertag, dem 1. Januar 1956, einige Bauern im Zürcher Weinland auf und erkundigten uns nach einer Lehrstelle. Schliesslich fiel die Wahl auf Bauer Zuber in Ossingen, wo ich als 15-Jähriger eine zweijährige Landwirtschaftslehre absolvierte. Dort lernte ich arbeiten, liebte das einfache Landleben, die Tiere und die Natur.

Wenn Sie heute zurückschauen, wo haben Sie bildungsmässig ein Manko?

SPRACHEN

Ich würde nicht mehr Jura studieren, sondern Geschichte. Geschichte finde ich etwas vom Wichtigsten. Selbst für einen Justizminister ist eine juristische Ausbildung keine Voraussetzung, weil er seine Spezialisten hat. Ich habe in der Vergangenheit ein Chemieunternehmen geleitet, ohne Chemie studiert zu haben. Rückblickend gesehen, würde ich wohl nicht mehr Bauer werden. Ich bereue dies zwar nicht, denn es waren vier wertvolle Jahre. Gleichzeitig prägte es meine bodenständige Art und stärkte die Fähigkeit, durchzubeissen und zu arbeiten. Doch durch die bäuerliche Ausbildung fiel die Vorbereitung auf die Matura sehr kurz aus. Das spüre ich vor allem bei den Sprachen, wo mir nur wenig Zeit zur Verfügung stand, und ich konnte nie für längere Zeit meine Sprachkenntnisse in einem fremden Sprachgebiet vertiefen. Bei der Ausbildung würde ich dadurch heute verstärkt das Gewicht auf die Sprachen legen und die jeweiligen Sprachgebiete besuchen. Was nützen mir meine Kenntnisse in darstellender Geometrie, wenn ich nur mangelhaft englisch spreche? Trotzdem darf man die Sprachkenntnisse nicht überbewerten. Als Unternehmer habe ich mit der ganzen Welt verkehrt. Ich sprach dabei stets in meiner Sprache – das Vis-à-Vis in seiner.

Gerade als Regierungsmitglied sollte man dies auch tun. Es drückt den Respekt und die Wertschätzung gegenüber der eigenen Sprache aus. Da kann man von den Chinesen lernen. Ich nehme jeweils einen Übersetzer mit, der die fremde Sprache perfekt beherrscht. Während der Dolmetscher übersetzt, kann ich das Gesicht meines Gegenübers studieren und verstehe so besser, was hinter den Worten steckt.

Ihr Bruder Andreas und Ihre Schwester Judith Giovanelli-Blocher haben in ihren Büchern ein kritischeres Bild Ihres Elternhauses beschrieben. Wie erklären Sie sich das?

Ich bin offenbar nicht im gleichen Elternhaus aufgewachsen. Meine Schwester Judith hat einen Roman geschrieben mit «autobiographischen Zügen». Vieles ist komplett erfunden. Aber jeder empfindet in einer 13-köpfigen Familie die Erziehung und die Eltern anders. Während die einen die Freiheit, die sie genossen haben, schätzten, finden andere, man sei als Einzelnes etwas zu kurz gekommen. Einzelne haben sich trotz hohem Alter heute noch nicht vom Elternhaus gelöst. Ich habe die Pubertät hinter mir.

Ihre Geschwister kritisieren Sie auch öffentlich. Wie empfinden Sie dies?

GESCHWISTER

Einzelne Geschwister, die politisch auf der anderen Seite stehen, haben dies getan. Es ist für diese Geschwister sicher nicht immer einfach, wenn sie nach Nennung des Familiennamens sofort mit dem bekannten Bruder konfrontiert werden. Schliesslich wollen sie auch «öpper si». Einzelne setzen sich darum bewusst und, für Geschwister eher ungewöhnlich, in der Öffentlichkeit vom umstrittenen Bruder ab. Dadurch werden sie auch gehört. Heute ist dies lediglich meine älteste Schwester Judith. Sie gehört zu jenen Menschen, die sich auch im hohen Alter noch fragen, ob wohl das Leben anders verlaufen wäre, wenn sie andere Eltern gehabt hätten. Solche

Überlegungen sind mir fremd. Älteste Schwestern glauben zudem oft bis ins hohe Alter, den ehemals kleinen Brüdern Anweisungen geben zu müssen, wie sie sich zu verhalten haben.

In unserem Fall geschieht dies jetzt durch Bücher und Zeitungsartikel. Für Unterhaltung ist gesorgt!

FÜHREN IM BUNDESRAT

Führungsprinzipien

Führen Sie den Bundesrat?

Nein, aber ich führe im Bundesrat mit. Der Bundesrat führt als ein Kollegium von sieben gleichberechtigten Mitgliedern: Er ist eine Kollegialbehörde und ist darauf angewiesen, dass jeder fachlich und politisch in der Entscheidfindung mitwirkt, also mitführt. Ich bin gewählt worden einerseits, um mein Departement zu führen, andererseits, um im Gesamtbundesrat mitzuführen.

Wie führen Sie denn im Bundesrat?

AMTSKOLLEGEN

Indem ich mich in die wichtigsten Geschäfte meiner Amtskollegen gründlich einarbeite. Fünfzig Prozent meiner Arbeitszeit verwende ich fürs Departement, fünfzig Prozent für die Geschäfte des Gesamtbundesrats.
Man führt im Bundesrat, indem man die eigenen Vorlagen einbringt, zu den Geschäften der anderen Departemente Mitberichte verfasst, das heisst zum Ausdruck bringt, falls man mit etwas nicht einverstanden ist oder falls man etwas ändern will, und sich so an der Meinungsbildung vor und in der Bundesratssitzung beteiligt.

Können Sie dies an einem Beispiel erläutern?

Jetzt wirds schwierig. Die Geschäfte und das Verfahren im Bundesrat sind vertraulich. Daran halte ich mich. Aber ein Fall – Swisscom – wurde ja publik. Und so ist das ganze Geschehen – nicht nur durch Indiskretionen – in den Zeitungen und durch die Geschäftsprüfungskommission verbreitet worden. Die fehlbaren Journalisten sind wegen Amtsgeheimnisverletzung angezeigt worden. Man kennt also den Fall.

Ja, und? Dann können Sie uns diesen erläutern.

Ich will an diesem Beispiel zeigen, dass das Führen im Bundesrat vom System her nicht so schlecht ist, wie es oft dargestellt wird.
Die Swisscom gehört zu über 50 Prozent der Eidgenossenschaft. Der Bundesrat vertritt als Vertreter der Eidgenossenschaft den Eigentümer und trägt damit die Eigentümerverantwortung. Im Herbst 2005 legten die zuständigen Bundesräte Leuenberger und Merz dem Bundesrat einen Antrag zur Privatisierung der Swisscom vor. Zu dieser Zeit wussten wir im Bundesrat (und es wurde auch öffentlich darüber geschrieben), dass der Swisscom-Verwaltungsrat beabsichtigte, die irische Telekomgesellschaft Eircom zu übernehmen. Diese Gesellschaft hat in Irland etwa die gleiche Bedeutung wie die Swisscom in der Schweiz. Seit Wochen trieben Hedgefunds und andere Börsenteilnehmer die Eircom-Titel in unglaubliche Höhen – im Wissen darum, dass die Swisscom kurz vor Unterzeichnung des Vertrags stand. Zu meiner Überraschung bezog sich der kurz vor der entscheidenden Bundesratssitzung eingereichte Antrag Leuenberger/Merz auf die Privatisierung, sprach sich aber nicht auch gegen diesen Erwerb aus, obwohl wir im Vorfeld seit Wochen darüber diskutiert hatten. Ich musste mich deshalb durch einen Mitbericht bemerkbar machen, wenn ich nicht einverstanden war. Gegen die Privatisierung hatte ich nichts einzuwenden. Aber es musste verhindert werden, dass die Swisscom die Eircom kaufte. Darum verfasste ich einen Mitbericht und forderte unter anderem:
«Der Bundesrat weist in seiner Funktion als Mehrheitsaktionär die Swisscom an, auf eine Investition bei einer ausländischen Telekommunikationsunternehmung zu verzichten. Im Falle der Nichtbeachtung dieser Anweisung ist eine Verantwortlichkeitsklage gegen die Mitglieder von Verwaltungsrat und Geschäftsleitung in Aussicht zu stellen.»
Das Ziel der Swisscom war der Kauf dieser Telekomgesellschaft mit ähnlichen Problemen wie die Swisscom, aber in schlech-

terer finanzieller Situation. Dies wäre gleichermassen verfehlt gewesen wie der früher angestrebte Kauf der österreichischen Teleaustria, der glücklicherweise gescheitert war. Es handelte sich beim geplanten Kauf um eine typische «Aufblähungsakquisition», eine reine Bilanzkosmetik, vergleichbar mit der Hunterstrategie der damaligen Swissair. Die eigenen Swisscom-Probleme wären nicht nur nicht gelöst, sondern sogar vergrössert worden.
Dieses Debakel galt es durch den Eigentümer, die Eidgenossenschaft, zu verhindern. Darum stellte ich den Antrag, dem Swisscom-Management diesen Kauf, der ganz kurz bevorstand, zu verbieten.
Diesen Antrag begründete ich eingehend im Bundesrat, zeigte auch auf, dass die Swisscom im Lauf der Übernahmestrategie im Jahre 2005 zum fünftgrössten Wertvernichter an der Schweizer Börse geworden war. Wir diskutierten darüber im Bundesrat eingehend. Der Bundesrat beschloss dann im Sinne des Antrags. Eircom wurde – obwohl sie der Verwaltungsrat auch in eigener Kompetenz hätte kaufen können – nicht gekauft. Der CEO Jens Alder trat als logische Konsequenz zurück und der Verwaltungsratspräsident altershalber.
Die Swisscom hat heute ein neues, gutes Management, und die Kurse der Swisscom dürfen sich wieder sehen lassen.
So führen wir im Bundesrat. Einmal stellt dieser, einmal ein anderer oder eine andere Anträge! Das ist Führungsalltag im Bundesrat.

Was ist denn das wichtigste Führungsprinzip im Bundesrat?

Gute Anträge stellen und kontrovers ausdiskutieren. Das Letztere kommt etwas zu kurz. Man möchte rasch entscheiden. Darum habe ich einmal spasseshalber und provokativ den Antrag gestellt, man möge die Bundesratssitzungen für fakultativ und das anschliessende Mittagessen für obligatorisch erklären. Heute sind jedoch die Diskussionen im Bundesrat viel offener und häufiger, als ich es in den Anfangszeiten erlebt habe.

MITTAGESSEN OBLIGATORISCH

Weshalb ist dieses Essen für Sie so wichtig?

Das gemeinsame Essen, das gemeinsame Biertrinken nach Sitzungen ist ein erfolgreiches Führungsprinzip. Es entspannt, bringt menschlich näher und ermöglicht eine ungezwungene Erörterung. In der Wirtschaft sind solche Treffen üblich. Oft kommt die wahre Diskussion erst dort in Gang. Ein Alt-Bundesrat machte einmal den Einwand, man esse doch nicht zusammen, um Geschäfte zu diskutieren, sondern weil man sich möge. Ich antwortete ihm: «Diese Essen sollten stattfinden, weil man sich – gerade nach Sitzungen – vielleicht nicht mehr so gernhat.»

Ist das ein erweitertes Führungsprinzip?

GESPRÄCHE

Wenn man so will, ein Führungsgrundsatz. Die Entscheidfindung hat viel mit persönlicher Kommunikation zu tun. Gespräche sind wichtig. Da ist die formelle Sitzung doch nicht das Einzige. Wenig zur Meinungsbildung tragen gross angelegte, internationale Konferenzen bei! Nach harter Diskussion, die natürlich auch gewisse persönliche Verletzungen hinterlässt, ein gemeinsames Bier zu trinken und eine Nachdiskussion zu führen ist dem zwischenmenschlichen Klima förderlich.
Nach seinem Präsidialjahr 2004 hat Alt-Bundesrat Deiss beim Weihnachtsessen zwar noch auf die Minute genau die Summe der Dauer der Bundesratssitzungen mit denen vom Vorjahr verglichen und vorwurfsvoll festgestellt, dass diese gesamthaft x Minuten länger gedauert hätten. Ich dachte: Wenigstens ein wenig mehr diskutiert.

Neu sind nun zwei Frauen im Bundesrat. Hat sich dadurch das Klima verändert?

KLIMA IM BUNDESRAT

Jede Person, die neu in eine Gruppe kommt, beeinflusst diese. Das Klima im Bundesrat ist jedenfalls heute ein offenes und direktes, wobei es zu heftigen Auseinandersetzungen kommen kann. Immer seltener ist anschliessend aber jemand nachtragend oder gar verletzt. Moritz Leuenberger, der amtsälteste Bundesrat, bestätigte am Ende seines Präsidialjahres 2006, dass er die Stimmung im Bundesrat als ausgesprochen gut empfinde; da habe er in der Vergangenheit ganz anderes erlebt. Wie ich von früheren Bundesräten weiss, sind wegen Hinterhältigkeiten und «stiller Grausamkeiten» sogar Tränen geflossen. An so etwas kann ich mich in den letzten drei Jahren nicht erinnern. Grausam sind nicht Auseinandersetzungen, sondern unterdrückte Auseinandersetzungen.

Das Kollegialitätsprinzip

Wie stehen Sie eigentlich zum Kollegialitätsprinzip?

Das Kollegialitätsprinzip ist zu einem Schlagwort geworden, ohne dass sich jemand die Mühe nimmt, zu fragen, was darunter zu verstehen ist. Sobald man darüber diskutiert, merkt man, dass jeder etwas anderes meint. Ich bin überzeugt, dass das Kollegialitätsprinzip innerhalb einer Vierparteienregierung einen hohen Stellenwert besitzt. Für mich heisst das, dass man sich an Dinge, die man beschlossen hat, zu halten hat, auch wenn man in der Abstimmung unterlegen ist. Ich habe keine Mühe damit, dass ich, obwohl ich vielleicht eine andere Meinung verfochten habe, anschliessend die Mehrheit der Regierung zu vertreten habe. Nach der Beschlussfassung interessiert die persönliche Meinung nicht mehr.

KONFLIKTPOTENTIAL

Wichtig ist zudem: Um das Konfliktpotential innerhalb des Gremiums einzuschränken, muss man sich mit öffentlichen persönlichen Angriffen gegen die anderen Mitglieder nach aussen sehr zurückhalten. Aus diesem Grund greife ich meine Kollegen öffentlich nicht an. Mir gegenüber tun die Kollegen dies noch relativ oft. Eine Katastrophe ist das aber nicht.

Das tönt zwar sehr schön, obwohl ausgerechnet bei Ihnen oftmals ersichtlich ist, welche Meinung Sie vertreten …

Bei Persönlichkeiten, die eine starke eigene Meinung haben, merkt man natürlich, ob sie aus voller, innerer Überzeugung oder aus Pflicht hinter einer Sache stehen. Das ist auch nicht schlimm. Aber ich bin nie gegen die Mehrheitsbeschlüsse des Bundesrates angetreten.

Wie kann man denn seine Meinung bekanntgeben, ohne das Kollegialitätsprinzip zu verletzen?

Wenn der Bundesrat beschlossen hat, ist dies nicht mehr möglich. Ich würde es zwar begrüssen, wenn mehr Transparenz über die Bundesratssitzungen herrschen würde. Vor Entscheidungen und bei Themen, die die weitere Zukunft betreffen und zu denen keine Beschlüsse vorliegen, ist eine klare Meinung eines Bundesrats kein Verstoss gegen das Kollegialitätsprinzip! Bundesräte sind keine politischen Eunuchen.

Führen durch Provokation

Im Herbst 2006 haben Sie beispielsweise in der Türkei bekanntgegeben, dass Sie das Antirassismusgesetz aufheben wollen. Das erfolgte ohne Absprache mit dem Bundesrat. Was bezweckten Sie mit dieser Provokation?

Zur Berichtigung: Das habe ich nicht erklärt. Aber ich habe gesagt, wir seien in meinem Departement daran, diese Norm zu überprüfen, weil sie mir nicht befriedigend erscheint. Das hatte ich in der Schweiz vorher an vielen öffentlichen Versammlungen auch erklärt, nur wollte dies niemand hören.

Nun zur Türkei. Anlass meiner Reise nach Ankara war das 80-Jahr-Jubiläum der Übernahme des schweizerischen Zivilgesetzbuches (ZGB) durch die Türkei. Mein Auftrag war nicht nur, an der Universität eine Rede zu halten, sondern die leidigen Beziehungen zur Türkei zu verbessern.

Als Industrieller kannte ich die Türkei. Alle im Bundesrat begrüssten die Reise und warteten sehnlichst auf eine bessere Beziehung. Die Türkei, die wie kein zweites Land des Ostens mit dem Westen verbunden ist, ist von Bedeutung, auch für die Schweizer Wirtschaft. In der Schweiz leben rund 70 000 Türken, 20 000 schweizerisch-türkische Doppelbürger und 28 000 Schweizer mit türkischen Vorfahren. Es kann uns als neutralem Land nicht gleichgültig sein, wenn die Beziehungen zur Türkei schlecht sind.

Im Bundesrat haben wir über die Frage, wie man dieses Problem lösen könnte, schon viel diskutiert. Auslöser für die Verstimmung war namentlich die Klage der Schweizer Behörden gegen einen in der Türkei angesehenen türkischen Geschichtsprofessor wegen Verletzung des Antirassismusgesetzes. Dieser Professor hatte bei einem Referat in der Schweiz die türkische Auffassung vertreten, die Greueltaten gegen die Armenier im Jahre 1915 seien kein Genozid gewesen. Noch im Jahre 2000 hat der Bundesrat ausdrücklich auf einen Entscheid, ob es sich in diesem Fall um Genozid handle oder nicht, verzichtet und dabei auf die Meinung der Historiker verwiesen. Bei allen Türkeibesuchen betonte die Schweiz diese Haltung und empfahl der Türkei, diese Frage durch eine unabhängige internationale Kommission untersuchen zu lassen. Es ist schlecht zu verstehen, dass die Schweiz eine Kommission fordert, die abklärt, ob es sich um einen Genozid handle oder nicht, und gleichzeitig einen Wissenschaftler, der die eine Meinung vertritt, dafür bestrafen will. Aber das verlangt anscheinend der Rassismusartikel. Es ist unglaubwürdig, wenn die Schweiz der Türkei in schulmeisterlicher Weise vorwirft, sie nehme die Meinungsäusserungsfreiheit nicht ernst, und diese gleichzeitig nicht gewährt. Nicht die Strafverfolgungsbehörden sind hier zu kritisieren, sondern das Gesetz, das die Strafverfolgung auslöst. Es sollte in der Schweiz möglich sein, eine glaubwürdige und vorbildliche Diplomatie zu betreiben.

GLAUBWÜRDIGE DIPLOMATIE

Wo ist denn der führungsrechtliche Aspekt?

Als Justizminister kann ich in der Türkei nicht als Vorbild auftreten, wenn ich diesen Widerspruch nicht kläre. Deswegen habe ich gegenüber dem türkischen Justizminister bestätigt, dass die Richter entscheiden würden, aber der Antirassismusartikel in meinem Departement überprüft werde. Gleichzeitig habe ich ihm die Hintergründe des Gesetzes erläutert. Durch das Transparentmachen der Rechtslage hat sich die Situation merklich entspannt. Der türkische Minister hat gemerkt, dass ich die Meinungsfreiheit nicht nur für die Türkei fordere, sondern auch für die Schweiz. Das nenne ich Diplomatie des Vorbildes, im Gegensatz zur Diplomatie des Zeigefingers, welche in der Schweiz leider stark zugenommen hat. Die Tatsache, dass der türkische Justizminister, der gleichzeitig der Sprecher der Regierung ist, eine Einladung in die Schweiz noch am gleichen Abend angenommen hat, zeigte mir: Auftrag erfüllt – ohne irgendetwas preisgegeben zu haben! Das ist der Führungsaspekt.

Trotzdem haben Sie das Kollegialitätsprinzip verletzt …

Ich sehe nicht wo und warum? Es ist meine Pflicht als Departementchef, neue Gesetze zu prüfen. Und zwar auch ohne Beschluss des Bundesrates. Das hat der Bundesrat nachträglich ausdrücklich so anerkannt.

Sie haben stets dafür plädiert, dass das Volk immer recht habe. Ausgerechnet beim Antirassismusgesetz, welches Sie selber mitgetragen haben, sind Sie anderer Meinung …

GESETZE ÄNDERN

Das Volk hat nicht immer recht, aber was es beschlossen hat, soll gelten. Das trifft auch auf den Antirassismusartikel zu. Wenn sich Mängel herausstellen, dann ist das Gesetz zu ändern. Es gehört doch zum Alltag, dass wir auch Gesetze ändern, die einmal durch das Volk beschlossen worden sind. Aber Gesetze sollen nur durch Gesetze geändert werden, denn Volkes Wille ist bindend. Ich bin zudem überzeugt, dass der Antirassismusartikel in der heutigen Form vom Volk nicht mehr angenommen würde.

Ist denn Provokation ein Führungsinstrument?

GUTE PROVOKATION

Das kann eines sein! Durchaus. «Provocare» heisst nichts anderes als «hervorrufen». In der Führung spielt manchmal der Advocatus Diaboli eine sehr wichtige Rolle. Gute Provokation kann sehr erfolgreich sein. Oftmals habe ich die Partei, das Management in der Firma oder als Nationalrat die Volkskammer durch eine gegenteilige Aussage provoziert, obwohl ich gar nicht anderer Ansicht war. Damit entstehen Argumente, die der Sache stets dienlich sind.

Wie definieren Sie Ihre Rolle als Bundesrat? Ist dieser primär ein Parteienvertreter oder ein Staatsmann?

Der Bundesrat ist auf jeden Fall Regierungsmann – man kann das Staatsmann nennen. Jeder Bundesrat wird aber auch als

Vertreter einer Partei gewählt. Damit ist doch klar, dass sich seine Meinung mit den Hauptzielen seiner Partei deckt. Sonst wäre er ja dort nicht Mitglied. Das Hauptziel der Linken und Grünen ist es, mich 2007 aus dem Bundesrat zu werfen. Der Grund dafür liegt in meiner politischen Gesinnung. Jetzt habe ich zwei Möglichkeiten: Ich kann schweigen und meine politische Meinung als Bundesrat nicht mehr vertreten oder weiterfahren wie bisher, was doch meine Aufgabe ist.

Ein Bundesrat ist ein politischer Mensch, der seine Meinung vertreten kann und muss. Natürlich muss er nicht die Meinung der Partei vertreten, das gilt auch für Parlamentarier, aber er wird es normalerweise tun, und das wird für die grundlegenden Dinge von ihm auch zu Recht erwartet. Wenn vom gesamten Bundesrat etwas beschlossen ist, muss er manchmal gegen seine eigene und gegen die Meinung der Partei plädieren. Das stösst dann beim Parteivolk oftmals auf Unverständnis. Doch diesem ist das zuzumuten.

Führungserfahrung als Bundesrat

Heute kann in der Schweiz auch jemand ohne Führungserfahrung Bundesrat werden. Ist das ein Nachteil?

Ein Bundesrat ist in erster Linie ein Politiker. Da er aber sein Departement zu führen hat und im Bundesrat führen muss, ist Führungserfahrung sicher ein Vorteil. Kann er nicht führen, so führen eben die Beamten!

Treten Sie unerbittlich für die Demokratie ein?

DIREKTE DEMOKRATIE

Ich bin ein grosser Verfechter der direkten Demokratie. Ich verlange dies für die Schweiz. Ich gehöre aber keineswegs zu denjenigen, die behaupten, die direkte Demokratie sei das für alle Staaten und die ganze Welt allein selig machende Wundermittel.

Die Schweizer haben durch ihre gute Erfahrung sehr grosses Vertrauen in ihr System. Und das System setzt grosses Vertrauen in die Bürger. Die schweizerische Demokratie begrenzt die Macht der Behörden. Sie schränkt diese ein. Das ist für eine Regierung natürlich oft mühsam. Aber ein ganz anderes Problem stellt sich: Man muss aufpassen, dass man die Verwaltung führt und nicht von dieser geführt und aufgefressen wird.

Wie äussert sich das?

VERWALTUNG

Die Verwaltung besteht aus tüchtigen, teilweise langjährigen Fachleuten. Wollen sie einen beispielsweise von der Notwendigkeit eines EU-Beitritts überzeugen, so zitieren sie aus dicken Berichten, die man unmöglich alle lesen kann. Um dieser Macht standzuhalten, müssen Sie sehr stark, selbstbewusst, reich an Erfahrung und im grundsätzlichen Denken verhaftet sein. Als Bundesrat kann man auch eine «ruhige Kugel schieben», man kann alles unterschreiben, was einem die Verwaltung vorlegt, und sich nicht für die Geschäfte der anderen Departemente interessieren. Will man aber gestalten, sieht es anders aus. Der Bundesrat entscheidet politisch, die Verwaltung bietet das Fachtechnische, was auch wichtig ist. Aber viele Verwaltungsleute glauben, sie müssten auch Politik machen.

FDP-Chef Fulvio Pelli hat die Forderung aufgestellt, dass ein Bundesrat nicht älter als 50-jährig sein sollte.

ALTER

Ich weiss nicht, warum er dies gesagt hat. Die Jugend hat sicher mehr körperliche Leistungsfähigkeit. Das Alter hat aber den Vorteil der Erfahrung, was in der Führung sehr wichtig ist. Den Jugendkult, der ja mittlerweile wieder stark abgeklungen ist, habe ich nie mitgemacht. Es ist interessant: Wenn Staaten in einer schwierigen Situation stecken, dann holen sie meist ältere Politiker. Auch im Krieg holt man ältere, erfahrenere Generäle. Die Asiaten messen dem Alter und der Lebenserfahrung sehr viel Bedeutung zu. Deswegen sind viele Persönlichkeiten in Politik und Wirtschaft in China oder Japan alt. In meinem ehemaligen Unternehmen habe ich stets auf eine gute Durchmischung geachtet. Als ich – 43-jährig – die EMS-CHEMIE übernommen habe, habe ich mich sofort mit älteren Leuten umgeben. Einer davon war, wie gesagt, der ehemalige Korpskommandant Rudolf Blocher. Meine Überlegung war, dass mich eine solch kritische und führungserfahrene Persönlichkeit begleiten und davon abhalten sollte, voreilige Entscheide zu treffen. Jetzt, wo ich selbst alt und erfahren bin, habe ich Jüngere nachgezogen. Ich entscheide heute vieles sehr viel schneller als früher. Zu Beginn benötigte ich im Unternehmen für einen Geschäftsbericht zwei Tage, am Ende erledigte ich diesen innerhalb von einer Stunde, weil ich die Abläufe exakt kannte.

Sind Sie durch Ihre Wahl in den Bundesrat dünnhäutiger geworden, wie gelegentlich behauptet wird? So haben Sie dem welschen Fernsehen mit einer Klage gedroht, weil es während einer Fernsehsendung Karikaturen von Ihnen zeigte.

Ich habe doch nichts gegen Karikaturen. Aber hier wurde Missbrauch getrieben: Man hat – während ich redete und ohne, dass ich dies wahrnehmen konnte – Farbbilder mit diskriminierendem Charakter und Karikaturen eingeblendet und meine Meinung verfälscht. Ich wurde in diesen Einblendungen mit teilweise rassistischen Aussagen dargestellt, die weder von mir stammten noch von mir in irgendeiner Weise geteilt werden. Nein, empfindlich bin ich nicht. Aber ich bin jetzt nicht nur Christoph Blocher, sondern auch ein Amtsträger. Und da fragt es sich, ob man sich als Amtsträger gleich viel gefallen lassen darf wie als einzelner Politiker. Auch Bundesrat Blocher darf nicht alles sagen, was Christoph Blocher sagen dürfte. Man hat eben doch ein Amt.

AMTSTRÄGER

Führen in der Verwaltung

Sie haben gegenüber der Verwaltung verschiedentlich Vorbehalte vorgebracht. Warum?

Die Stabilität der Schweiz beruht auch auf der Konstanz der Verwaltung. Aber diese Konstanz hat auch ihre Schattenseiten. Die Verwaltung kann das Land nicht gerade zerstören, aber sie schafft es immerhin, ganze Prozesse zu blockieren. So kann sich die Verwaltung auch gegen die Interessen des Bürgers wenden. Plötzlich ist der Bürger für die Verwaltung da und nicht die Verwaltung für den Bürger.

Was meinen Sie damit?

Leicht verliert die Verwaltung den Sinn für das Ganze und vergisst, dass sie nur den Bürgern zu dienen hat. Vieles ist nicht ergebnisorientiertes Arbeiten, sondern Tätigkeit um der Tätigkeit willen. Tätigkeiten, Berichte, Studien, Modelle, Szenarien und Begründungen werden geliefert und gefordert, ohne dass das Resultat bürgernah bewertet wird. Oft hört man sagen, der Weg sei das Ziel. In der Führung und für die Bürger ist aber das Ziel das Ziel und nicht der Weg. Man lässt sich lange und wortreich darüber aus, was man alles getan habe, auch darüber, was man alles versucht habe, um den Auftrag erfüllen zu wollen, und warum man ihn nicht erfüllen konnte und warum ein anderer eigentlich zuständig gewesen sei. Hier bin ich dann meist etwas kaltschnäuzig: «Das interessiert niemanden. Es interessiert nur der Erfolg!»

Qualifizieren Sie die Zustände innerhalb der Verwaltung heute anders als vor Ihrer Wahl?

Das Unbehagen gegenüber der Verwaltung hat sich während meiner Bundesratszeit noch verstärkt. Nach drei Jahren stelle

BEAMTE

PERSONALRECHT

ich fest, dass es innerhalb der Verwaltung zwar viel Fachkompetenz, aber wenig Führungs- und Verantwortungsbewusstsein gibt. Damit möchte ich aber keineswegs den Eindruck erwecken, Beamte seien schlechte Mitarbeiter, im Gegenteil, sie zeichnen sich meist durch eine sehr gute Ausbildung aus. Meines Erachtens wird die Verantwortung zu wenig gefordert und wird zu wenig konsequent geführt. Gleichzeitig sind die meisten Angestellten eher egozentrisch veranlagt und sind permanent bestrebt darzustellen, was sie alles unternommen haben, ohne jedoch für den Erfolg der Sache einzustehen. Daran ist auch das Personalrecht stark mitschuldig. Dieses stellt keineswegs die Selbständigkeit, das Verantwortungsgefühl und die Leistung in den Mittelpunkt, sondern das persönliche Wohlbefinden. Es ist nicht gut, wenn Drückeberger und Minimalisten gleich behandelt werden wie Leistungsstarke. Ich staune auch, wie manche ihre persönliche politische Auffassung unter dem Mantel der Fachbezogenheit durchdrücken wollen. Dagegen wehre ich mich.

Warum?

Auf einen kurzen Nenner gebracht: Die Politik führt, und die Verwaltung führt aus. Ein politisierender Beamter kann seinen Bundesrat unterlaufen. Man kann dessen Problemdarstellungen, dessen Analysen nicht mehr trauen, weil sie politisch gefärbt sind. Der Beamte stellt dann diese nicht so dar, wie sie sind, sondern so, wie er sie gerne hätte. Sei es, damit er nichts tun muss, um das überdeckte Problem zu lösen, sei es, weil er es anders lösen müsste, als es ihm angenehm ist. Darin besteht eine sehr grosse Gefahr.
Die Verwaltung ist auch personell weit überdotiert. Dabei ist die Vorstellung falsch, wonach die Beamten untätig herumsitzen. Das Problem liegt anderswo. Es fehlt am Willen, mit weniger Mitteln – finanziell und personell – eine grössere Leistung zu erzielen. Weil der Druck fehlt, wird die Verwaltung

nicht gezwungen, Prioritäten zu setzen. Die Überdotierung führt zu einem Netz von Stellvertretern und Stellvertretenden der Stellvertreter. Die Letzten beissen dann die Hunde. Diese Betriebsamkeit um der Betriebsamkeit willen realisiert man aber erst, wenn man aus der Wirtschaft kommt, wo es übrigens in Grossbetrieben ähnliche Tendenzen gibt. Eine solche Situation zu bereinigen ist sehr schwierig. Kaum nimmt man jemandem einen Mitarbeiter weg, kommt es zu Protesten. Man könne nun bestimmte Aufgaben nicht mehr übernehmen. Eine Verbesserung braucht einen grossen Druck vonseiten der Regierung und des Parlaments. Dieser fehlt aber, weil es unangenehm ist.

BETRIEBSAMKEIT

Was bedeutet das konkret?

Seien wir doch ehrlich: Auch in der Wirtschaft werden die Kosten nicht gesenkt, wenn es gut läuft. Viele Unternehmen bauen bei besserer Konjunktur ihren Mitteleinsatz unnötig aus. Im Gegensatz zur Politik sind Unternehmen aber gezwungen, diese unnötigen Kosten wieder abzubauen. Auch die Wirtschaft tut dies nicht freiwillig – sondern nur unter Druck.

KNAPPE MITTEL

Knappe Mittel, sei es Geld oder Personal, zwingen zu klaren Prioritäten und verhindern Nebensächliches und Unnötiges. Mittelknappheit zwingt zu Prioritäten und zu Konzentration auf das Wesentliche. Deswegen wäre es gerade im Staat gut, wenn er ständig über nur knappe Geldmittel verfügen würde. Von daher rührt die ständige Forderung nach tiefen Steuern, Abgaben und Gebühren. Gleichzeitig bin ich mir bewusst, dass es sehr schwierig ist, diesen Leerlauf im Getriebe zu bremsen. Es ist unangenehm, man wird angefeindet. Man denke an die grosse Zahl von Politikern und Interessengruppen, die bereits die Messer wetzen. Und doch will ich es ändern!

Wie wenden Sie Ihre Führungsprinzipien in Ihrem eigenen Departement an?

Ich selbst wende sie konsequent an gegenüber meinen Direktunterstellten. Ich schule das Kader jährlich an zwei Tagen persönlich. Ob es bis ganz unten klappt, habe ich meine Zweifel. Schematisch wird es zwar ganz gut befolgt, aber ich bezweifle, dass jeder den tieferen Sinn erkennt. So entpuppen sich zum Beispiel bei den Anträgen viele Varianten als Alibivarianten. Weil man die Rubrik «geprüfte Varianten» einfach ausfüllt, ohne das ganze Denkgebäude, das dahintersteht, zu begreifen.

ALIBIVARIANTEN

Was machen die Beamten konkret falsch?

Sie machen keine grundsätzlich anderen Führungsfehler, als sie andernorts auch gemacht werden. Die Wirtschaft wird einfach immer wieder von aussen gezwungen, solche Fehler zu korrigieren. Da die Verwaltung keine Konkurrenz kennt, ist sie nicht gezwungen, sich im Wettbewerb zu messen und besonders gezielt kostengünstige, beste Lösungen zu suchen. Die Verwaltung ist zu schnell mit sich zufrieden.

Befürchten Sie nicht, dass nach Ihrem Abgang aus dem Bundeshaus alles wieder in den alten Trott zurückfällt?

Etwas wird immer bleiben. Aber auch in den Unternehmen muss täglich nachgehakt werden. Wenn dies nicht geschieht, zerfällt die mühsam errungene Veränderung schnell. Am längsten bleiben die hinter der Führungstechnik stehende Gesinnung, der Geist und die Einstellung. Die brauchen aber auch am längsten, bis sie zur Gewohnheit werden.

STÄNDIGE BEOBACHTUNG

Ich realisiere jedenfalls, dass wir unter ständiger Beobachtung durch andere Departemente stehen. Man sagt mir, dass innerhalb des Bundeshauses der Führungsstil des Eidgenössischen Justiz- und Polizeidepartementes ein grosses Thema sei. Es gibt auch Mitarbeiter, die sich bei mir bewerben mit der Begründung, sie suchten klare Führung. Aber es wird auch solche geben, die das Gegenteil suchen.

Wie erkennen Sie, ob eine Abteilung oder Firma gut geführt ist oder nicht?

Schlechte Führung erkennt man sofort – schon an oberflächlichen Dingen: Sauberkeit, Auftreten der Leute. Gute Führung zu erkennen braucht etwas länger. SAUBERKEIT

Wenn ich in Bern die verschiedenen Amtsstuben besuche, weiss ich sofort, welche Abteilung schlecht geführt ist. Als ich einem Chef nach einem zweistündigen Rundgang erklärte, dass seine Abteilung schlecht geführt sei, wehrte er sich mit dem altbekannten Argument, ich sei im falschen Moment gekommen. Doch das ist immer eine Ausrede. Meine Erfahrung zeigt, dass eine Firma schlecht geführt ist, wenn zum Beispiel der Eingangsbereich unaufgeräumt und schmutzig wirkt. Ein gut geführtes Unternehmen besticht durch seine Sauberkeit. Auch bei der chemischen Industrie, die naturgemäss als «schmutzige» Branche gilt, legten wir allergrössten Wert auf diesen Punkt.

Was hat Sie nach Ihrer Wahl in den Bundesrat am meisten überrascht?

Ich bin immer noch überrascht, welchen Stellenwert ein Bundesrat in der Schweiz besitzt. Da die Leute einen Bundesrat als ihren Repräsentanten betrachten, schätzen sie es überhaupt nicht, wenn er von aussen attackiert wird. Die Bevölkerung nimmt unsere Tätigkeit sehr ernst. Deswegen müssen wir unseren Beruf gewissenhaft und engagiert ausüben.

Aber Sie sind insofern eine Ausnahme, als Sie bereits vor Ihrer Wahl das Ansehen eines Bundesrates hatten …

Aber kein Amt. Vielleicht auch ein anderes Ansehen. Es gibt einige Leute, die behaupten, ich hätte durch meine Wahl an Ansehen verloren. Welches Ansehen? Doch um das Ansehen ANSEHEN habe ich mich nie bemüht. Oft habe ich im Bundeshaus den Eindruck, die Bürger sehen ja gar nicht, was man alles tut und erreicht. Dann bin ich jeweils überrascht, wenn fremde Leute auf der Strasse spontan auf mich zukommen und sich für die gemachte Arbeit bedanken und mich auffordern, nur ja in diesem Sinne weiterzumachen. Der Dank derer, für die wir uns einsetzen. Gibt es eine bessere Quittierung der Auftragserfüllung?

Dieses Gefühl erlebten Sie doch schon früher …

Ja, aber vor meiner Wahl war alles viel transparenter. Heute sitze ich auch in der geschützten Werkstatt.

VERHÄLTNIS ZU DEN MITARBEITERN

Auswahl von Mitarbeitern

Nach welchen Kriterien stellen Sie Leute ein?

Die Kriterien sind je nach Position unterschiedlich. Gründliche Fachkenntnisse sind die allgemeine Voraussetzung. Ganz wichtig ist der Charakter: Wille zur Pflichterfüllung, Initiative und Sinn für Qualität. Bei Führungspersönlichkeiten überwiegen die persönlichen Eigenschaften die Fachkenntnisse: eigenständiges Denken, keine Blender und Bluffer, Durchhaltevermögen, Wille und Fähigkeit zur Durchsetzung.

KEINE BLENDER UND BLUFFER

Schauen Sie die Leute selber an, oder führen Sie Assessments durch?

Ich habe früher nie Assessments durchgeführt. Ich habe mir die Leute, die mir direkt unterstellt waren, immer selbst angeschaut, ebenso die Mitarbeiter, die meine Direktunterstellten als Direktunterstellte einstellen wollten.

Worauf achten Sie, wenn Sie jemanden einstellen?

Ich versuche, mir einen Eindruck zu verschaffen, beobachte die Kandidaten, schaue, wie sie auf mich wirken. Ich spreche mit ihnen nicht nur über die berufliche Arbeit. Doch eine Unsicherheit bleibt immer. Am Schluss zählt auch das Gefühl. Im Grossen und Ganzen ist es mir bis heute gelungen, gute Leute auszuwählen. Doch es ging auch schon schief. Vor allem bei Leuten, die von ausserhalb des Betriebs kommen; darum wählte ich wenn möglich Kandidaten, von denen ich auch die Schattenseiten kenne, also die aus dem eigenen Betrieb.

GEFÜHL

Bei Männern ist es wichtig, auch die Partnerinnen zu kennen. Männer werden durch ihre Frauen stark beeinflusst. Sobald

PARTNERINNEN

eine Frau gegenüber der beruflichen Tätigkeit ihres Mannes Vorbehalte anbringt und die Selbstverwirklichung in den Mittelpunkt stellt, bin ich vorsichtig bei der Anstellung des Mannes. Ich glaube nicht, dass er Höchstleistungen erbringen kann, wenn sich seine eigene Frau dagegenstemmt. Das ist eine Erfahrungstatsache, die umgekehrt weniger gilt. Frauen lassen sich weniger von Männern beeinflussen.

Was ist bei einer Einstellung sonst noch wichtig?

REFERENZEN

Natürlich alles, was zur Beurteilung beiträgt. Was so gang und gäbe ist: Referenzen, aber auch das Umfeld, in welchem sich der Kandidat bewegt. Wenn möglich, habe ich die engsten Mitarbeiter «unter der Hand» gesucht, ohne Inserate und Vermittlungsbüros. Früher habe ich Arbeitszeugnisse beigezogen. Heute kaum mehr, da diese ja von Gesetzes wegen «frisiert» sind. Mein jetziger Generalsekretär im EJPD, Walter Eberle, war bereits mein Regimentsadjutant im Militär und dann zehn Jahre lang mein Generalsekretär bei EMS. Er kennt die Schwächen und Stärken des Chefs. Und der Chef kennt die seinen. Auch legte ich stets Wert auf gute Sekretärinnen. Die sind für mich sehr wichtig. Frauen müssen es sein, weil sie mehr «Gspüür» haben.

SEKRETÄRINNEN

Auch Sekretärinnen habe ich selten über Inserate gefunden. Einmal habe ich eine Sekretärin über ein Stelleninserat gesucht, in welchem ich folgende Qualifikationen aufführte: «Sie werden niemals gelobt, Sie arbeiten von morgens bis abends, Sie haben keinen geregelten Feierabend. Das Einzige, was wir garantieren: Es handelt sich um eine hochinteressante Tätigkeit mit viel Verantwortung.» Mein Personalchef schüttelte nur den Kopf. Da wird sich niemand melden. Trotzdem wagten wir das Experiment. Es meldete sich genau eine Person, aber die richtige. Die Frau war über fünfzig, hatte lange Zeit ein Hotel geführt und suchte nach einer neuen Herausforderung. Bis zu ihrer Pensionierung war sie meine Sekretärin. Eine hervorragende Wahl. Sie ging niemals vor mir nach Hause. Da sie als Mutter ehemals kleiner Kinder und vom Hotel her längere Arbeitszeiten gewohnt war, stellte das für sie kein Problem dar. Deutet jemand beim Vorstellungsgespräch an, dass er jeweils um fünf Uhr abends nach Hause muss, bekunde ich vollstes Verständnis und entscheide mich für jemand anderen.

Lernen Sie jemanden während der Probezeit besser kennen?

Natürlich hilft das auch. Aber meist dauert es etwas länger, bis man die Qualitäten wirklich sieht, vor allem bei leitenden Leuten. Es gab aber auch schon die Situation, dass ich eine führende Persönlichkeit – obwohl sie mir menschlich äusserst sympathisch war – bereits nach kurzer Zeit entlassen musste. Schon nach einem Jahr erklärte mir der Betreffende, dass meine Auffassung, dass die Firma stets genügend Gewinn abwerfen müsse, falsch sei. Er sei der Auffassung, es sei besser, in langfristige Projekte zu investieren, die erst in fünf oder zehn Jahren Gewinn abwerfen würden. Darauf entgegnete ich, dass er in zehn Jahren längst pensioniert sei und dann für diese Projekte keine Verantwortung mehr übernehmen könne. Schnell erkannte ich die Scheu vor der Verantwortung. Diese Einstellung ist häufig anzutreffen: grosse Programme, hohe Investitionen, ferne Ziele. Man brüstet sich mit dem Weg, nicht mit dem erreichten Ziel. Die angebliche Weisheit «Der Weg ist das Ziel!» ist eine Dummheit. Das kann vielleicht für den Sonntagsspaziergang richtig sein, nicht aber für ein Unternehmen oder eine effiziente Verwaltung.

Wodurch zeichnet sich ein guter Untergebener aus?

Erstens: Er muss seine Aufträge erfüllen, und zwar immer. Und zweitens, er muss fähig sein, gute Anträge zu stellen.

Also eine 50/50-Vorgabe?

Ja, bei einfacheren Positionen ist es vielleicht 90/10. Bei höheren Positionen – vor allem für routinierte Führungskräfte – schiebt es sich bis 30/70 auf die andere Seite. Da wird das Anträgestellen wichtiger als das Ausführen. Gute Anträge stellen heisst ja übergeordnete Probleme erkennen, analysieren und Lösungsvarianten entwerfen und dann die am wenigsten schlechte – das heisst diejenige mit den wenigsten Nachteilen und den meisten Vorteilen – beantragen! Wer den Auftrag erfüllt und selbständig handelt – notfalls mit Anträgen –, ist ein guter Mitarbeiter!

Kündigung von Mitarbeitern

Wie gross ist Ihre Führungsspanne?

Sobald man zu viele Direktunterstellte hat, kann man diese nicht mehr führen und kontrollieren. Hat man aber zu wenige, werden die Hierarchien zu steil und die Befehlswege zu lang. Ich bin eher für eine flache Organisationsstruktur, aber auch mit entsprechend hohen Entscheidungskompetenzen der Unterstellten. Viele dezentrale Profit-Center bildeten mein Führungsmodell. Der Massstab für deren Leiter ist dann die klare Zielerreichung wie bei einem Unternehmen. Fehler oder Nichterreichen der Ziele können nicht geduldet werden. Auch die Salärstruktur hat sich danach zu richten.

FLACHE ORGANISATIONS-STRUKTUR

Geben Sie den Leuten nochmals eine Chance?

Sofern die Aussicht besteht, dass sich die Ergebnisse verbessern, sehr wohl. Man darf auch nicht zu schnell eingreifen. Namentlich in unbedeutenden Dingen müssen die Leute manchmal sogar die Möglichkeit haben, schlechte Erfahrungen zu sammeln.

Was heisst das?

Wenn man jedes Mal eingreift, wenn die Gefahr besteht, dass einer einen kleinen Fehler macht, dann hat er nie die Möglichkeit, einen Fehler zu begehen. Dort, wo man es verantworten kann, dass etwas falsch läuft, muss man es – manchmal bewusst – laufen lassen. Nicht, weil man den Mitarbeiter blöd hinstellen will, sondern damit er aus dem Fehler lernen kann. Bei grossen und entscheidenden Dingen ist das natürlich ausgeschlossen.

Aber er muss aus diesem Fehler lernen?

Wenn einer dauernd die gleichen Fehler macht, beweist er, dass er nichts lernen kann. Aber einmal muss man Fehler erfahren können. Meine Fehler haben mir geholfen. Das gilt auch für die Kindererziehung. Wenn man dem Kind alle Gefahren aus dem Weg räumt, wird es nichts lernen. Man muss ein Kind auch mal stürzen lassen, wenn es über die Wiese läuft. Damit es merkt, dass es stürzen kann, wenn es nicht aufpasst. Man kann auch sagen, ich lasse es nie über die Wiese laufen, damit es nicht stürzt. Nur lernt es dann nichts. Das Gleiche gilt in grösserem Massstab auch für uns Erwachsene. Wenn einer aus seinen Fehlern nicht lernt, muss man sich von ihm trennen.

Wie trennt man sich von Mitarbeitern?

Meist kommt eine Trennung ja nicht aus heiterem Himmel. Meist spüren es die Leute vorher. Aber so oder so: In all diesen schmerzvollen Fällen rufe ich den Mitarbeiter zu mir und sage ihm offen und direkt, dass und warum wir uns trennen. Das mag zwar für einen selbst sehr unangenehm und für den Entlassenen ein Schock sein. Aber es ist trotzdem menschlicher als die vielfach gepflegten Vernebelungsübungen. Ein Untergebener hat das Recht zu wissen, woran er ist. Ich habe in Bern einen Spitzenbeamten erlebt, der zwar grosse soziale Theorien über Mitarbeiter im Munde führte, gleichzeitig aber einen Mitarbeiter am Telefon fristlos entliess, weil er sich ihm gegenüber despektierlich geäussert hatte. Zur Rede gestellt, erklärte der Spitzenbeamte, er habe ihn wegen ungenügender Leistung entlassen.

KÜNDIGUNG

Eine Kündigung wegen ungenügender Leistung muss die Folge eines definitiven Beschlusses sein. Auf Diskussionen kann man sich dann nicht mehr einlassen. In einem Moment der Trennung muss man aber dafür sorgen, dass dem Betroffenen die Weiterentwicklung möglich bleibt. Man sollte ihm stets die Möglichkeit geben, selbst zu kündigen, um ihm den Weg nicht zu verbauen. Im Nachhinein ist es auch unwesentlich, warum jemand gehen muss. Entweder funktioniert ein Arbeitsverhältnis, oder es funktioniert nicht.

Wie kommunizieren Sie eine Trennung intern?

Sofern jemand von sich aus kündigt, muss man dies auch intern so kommunizieren. In der Regel spürt das Umfeld selbst, ob jemand versagt hat und diesen Schritt nicht ganz freiwillig unternahm. Im anderen Fall gibt man offen bekannt, dass man sich getrennt hat. Dabei hat man von heuchlerischen und zweideutigen Begründungen Abstand zu nehmen. Die Mitarbeiter und namentlich die Untergebenen des Entlassenen müssen klar wissen, ab wann der Wechsel geschieht.

Teilzeitbeschäftigung

Kann man mit einem 80-Prozent-Pensum eine Kaderfunktion ausüben?

Kommt darauf an, was man ausserhalb tut. 80 Prozent als Kader und 20 Prozent Freizeit und Familie halte ich bei anspruchsvollen Kaderpositionen für ausgeschlossen. Darunter leidet der zu führende Bereich. Anspruchsvolle Kaderpositionen fordern den Kopf zum Handeln, und zwar während sieben Tagen. Bei einer anspruchsvollen Kaderposition handelt es sich meist sogar um einen 200-Prozent-Job und niemals um eine 80-Prozent-Tätigkeit. Deswegen gibt es auch ein höheres Salär, im wirtschaftlichen Erfolgsfall sogar einen Bonus. Es wäre widersinnig, wenn ein leitender Angestellter, von dessen Arbeit Dutzende von Angestellten und deren Familien abhängig sind, seine Zeit als Hausmann verbrächte. Ich habe nichts gegen Hausmänner, nur können sie nicht gleichzeitig eine anspruchsvolle leitende Funktion ausüben. Entweder – oder!

HAUSMÄNNER

Auch beim Jobsharing leiden stets die Untergebenen, die Kunden, die Bürger, die von der Arbeit des Verantwortlichen abhängen. Das ist meine Erfahrung. Die Auftragserfüllung hat auch hier Vorrang.

Kann man als Kadermitarbeiter zu Hause arbeiten und gleichzeitig auf seine Kinder aufpassen?

In untergeordneten Kaderpositionen vielleicht oder vorübergehend. Auch sonst kann es immer mal vorkommen: Man ist Samstag/Sonntag zu Hause, muss aber gleichzeitig etwas Dringendes entscheiden, abklären oder besprechen. Als Regelfall kann das nicht gehen, ohne dass die Führung leidet. Bei einem solchen Arbeitsmodell leidet auf jeden Fall die Arbeit (oder es leiden die Kinder!). Für untergeordnete Funktionen ist vieles möglich, was in leitender Position mit hoher Verantwortung nicht geht. Wenn beide Eltern, die Kinder haben, in anspruchsvollen leitenden Funktionen tätig sind, dann müssen sie die Kinderbetreuung und Erziehung der Kinder organisieren, ohne dass der zu führende Bereich leidet. Das kostet etwas und darf einen nicht reuen!

Kritik und Motivation

Wie motivieren Sie Ihre Mitarbeiter?

Die Kunst der Führung besteht darin, seinen Untergebenen die Bedeutung ihrer Tätigkeit zu vermitteln. So erkläre ich auch untergeordneten Mitarbeitern, zum Beispiel dem hausinternen Kurier oder der Dame, die das Telefon abnimmt, wie wichtig sie für den Erfolg des Unternehmens sind. Aber ohne zu heucheln und ohne die übliche oberflächliche Loberei. Es genügt, der Dame am Telefon zu sagen, wie entscheidend es ist, dass ein externer Anrufer am Telefon freundlich und sofort begrüsst wird, oder dem Kurier, wie wichtig die pünktliche und fehlerfreie Postverteilung ist und dass man dies darum verlange. Das ist echte Motivation. Sobald die Mitarbeiter sich ihrer Aufgaben bewusst sind, verhalten sie sich anders und werden unmerklich in den Auftrag hineingezogen. So überträgt sich auch die Freude vom Vorgesetzten auf den Untergebenen. An den Weihnachtsfeiern in Domat/Ems bin ich jeweils auf die Bühne gestiegen und habe in Erinnerung gerufen, dass es keineswegs selbstverständlich sei, in einem Bündner Bergtal eine Chemiefirma zu betreiben, die 1500 Angestellte und deren Familien ernähre. «Das sind unsere Resultate!», rief ich jeweils in den vollen Saal und nannte die erwirtschafteten Zahlen im Vergleich zur Konkurrenz.

GEMEINSCHAFTSGEFÜHL

Dadurch entsteht ein Gemeinschaftsgefühl, eine «Wir sind EMSer»-Mentalität, die die ganze Belegschaft vom Direktor bis zum Portier erfasst. Um dies zu erreichen, braucht es eine Gemeinschaftsleistung, die auch gegen aussen ersichtlich ist. Selbstverständlich ist Domat/Ems am bündnerischen Oberrhein für eine chemische Firma nicht der idealste Standort. Doch das Unternehmen wurde dort erstellt – und befindet sich nun mal dort. Die Fabrik ist für die Region sehr bedeutungsvoll. EMS ist der grösste private Arbeitgeber des Kantons Graubünden.

Man kann nun dauernd diesen Standortnachteil beklagen oder daraus einen Vorteil ziehen. Die Mitarbeiter sind stolz, bei EMS arbeiten zu dürfen. Irgendwo habe ich gelesen, dass im Durchschnitt drei Viertel der Mitarbeiter Dienst nach Vorschrift leisten und keine Identifikation mit ihrer Firma haben. Bei uns war es umgekehrt. Etwa 80 Prozent unserer Mitarbeiter stehen voll und uneingeschränkt hinter der Firma. Dazu braucht es kein besonderes Motivationsprogramm.

Sie loben also den einzelnen Mitarbeiter nicht?

LOBEN

Selten. Die allgemeine Loberei mache ich nicht mit. Ein Mitarbeiter, der voll in die Auftragserfüllung involviert ist, weiss, wo er steht. Er spürt die Zufriedenheit oder Unzufriedenheit des Chefs über seine Leistung. Etwas pointiert ausgedrückt, bin ich auch nicht bezahlt, um zu loben, sondern um zu kritisieren, damit sich die Auftragserfüllung verbessert. Dauerndes Lob bringt den Menschen nicht weiter und macht ihn selbstgefällig. Kritik bringt höhere Leistung des Gelobten, wogegen Lobhudelei den Gelobten schwächt. Ich habe in meinem Leben vor allem Dinge kritisiert, die mir am Herzen liegen, die eigene Firma oder die eigene Partei. Das gibt auch eine bestimmte Firmenkultur. Auftragsbezogene Mitarbeiter schätzen das. Egozentrische Mitarbeiter ertragen das in der Regel nicht. Sie verlassen das Unternehmen.

Kennen Sie die Namen Ihrer Mitarbeiter?

LEUTE GERNHABEN

Natürlich nicht von allen. Aber von denen, mit denen ich direkt Kontakt habe oder hatte. Es kommt vor, dass ich den Namen von jemandem, den ich schon getroffen habe, nach all meinen vielen Begegnungen vergesse. Das ist ärgerlich. Obwohl mir mein Umfeld ein ausgesprochen gutes Gedächtnis attestiert, bin ich nicht zufrieden damit. Entscheidender aber ist, die Leute gernzuhaben. Das ist eine der Grundvoraussetzungen guter Führung. Nur wer die Leute und deren

Arbeit schätzt, ist ein guter Vorgesetzter. Bei meinen Betriebsführungen sind jeweils die Mitarbeiter – all die Schweizer, Italiener, Portugiesen und Spanier –, kaum haben sie mich erkannt, sofort freudig auf mich zugekommen und haben mich begrüsst, als wären wir langjährige Freunde. Einschränkend muss ich aber eingestehen, dass sie mich vielfach vor allem vom Fernsehen her kannten.

Erzählen von Unwahrheiten

Darf ein Vorgesetzter seinen Untergebenen die Unwahrheit erzählen?

Grundsätzlich nicht. Aber seien wir ehrlich: Wie oft kann man nicht die Wahrheit sagen! Der Zweck heiligt dann die Mittel. Aber nicht jeder Zweck heiligt die Mittel. Sagt man einer hässlichen Frau ins Gesicht, sie sei hässlich? Vieles sagt man falsch, um niemanden zu verletzen. Was ist eine Lüge? Unter einer Lüge verstehe ich das bewusste Erzählen von Unwahrheit. Man kennt die Notlüge, die Anstandslüge, das Lügen zum eigenen Schutz. Wenn wir eine hässliche Frau als schön bezeichnen, sagen wir bewusst die Unwahrheit, um sie nicht zu verletzen. Solche «Lügen» sind lebensnotwendig. Auch auf höherer Ebene, wie beispielsweise im Krieg, muss man aus übergeordnetem Interesse die Unwahrheit erzählen, um den Feind zu täuschen. Es gibt Situationen, da ist es nicht so klar. Soll der Arzt einem todkranken Patienten die volle Wahrheit sagen? Was sagt man Mitarbeitenden, wenn das Unternehmen in der Krise steckt? Sagt man dann die Wahrheit, oder soll man diese beschönigen, um die Mitarbeiter nicht zu belasten?

LÜGE

Man hat Ihnen im Zusammenhang mit der Albisgüetli-Rede 2006 vorgeworfen, im Ständerat die Unwahrheit erzählt zu haben. War dies legitim?

Zuerst zum Sachverhalt: Ich hielt eine Rede im Albisgüetli. Die Presse bekam einen schriftlichen Text, und ich hielt die Rede in Mundart. Dabei sprach ich in der mündlichen Rede von «kriminellen Albanern» und in der schriftlichen Fassung korrekt von zwei «des Mordes angeklagten Albanern». In der mündlichen Rede war die Bezeichnung «mutmassliche Kriminelle». tatsächlich unterblieben. Ein SP-Ständerat stellte mich viele

Wochen später unerwartet im Ständerat zur Rede und fragte mich, warum ich die beiden als Kriminelle bezeichnet hätte. In der Meinung, dass ich in der mündlichen Rede wie im schriftlichen Text das Gleiche ausgedrückt hätte, antwortete ich, ich hätte «mutmassliche Kriminelle» gesagt, denn ich hatte nur noch den schriftlichen Text im Kopf. Ich liess dann die Sache überprüfen und merkte, dass die mündliche Version in diesem Punkt tatsächlich vom Manuskript abwich. Deshalb bedauerte ich öffentlich dieses Missgeschick. Um eine Lüge – also um eine bewusste Falschbehauptung – handelte es sich dabei nicht. Warum auch? Sowohl die schriftliche wie die mündliche Fassung meiner Rede waren ja jederzeit für jedermann abrufbar und sind es auch heute noch!

Was waren die Reaktionen?

Natürlich stürzten sich sofort alle politischen Gegner auf mich. Sie warfen mir vor, im Ständerat die Unwahrheit erzählt zu haben. Sie bezichtigten mich, gegen die Bibel verstossen zu haben. Ich hätte ein «falsches Zeugnis abgelegt». Eine irrtümliche Aussage im Ständerat, die ich nach Bemerken des Fehlers sofort korrigierte, war in ihren Augen plötzlich zu einem grossen Staatsverbrechen oder, noch schlimmer, zu einem Verstoss gegen Gottes Gebot geworden!

Muss denn ein Chef eines Unternehmens seinen Leuten sagen, wie schlecht der Zustand seiner Firma ist?

Vielleicht gibt es Situationen, wo man dies besser unterlässt. Verschweigt ein Chef seinen Untergebenen den wirklichen Zustand seiner Firma, weil die Untergebenen dies nicht ertragen können, so mag dieser Entscheid nachvollziehbar sein. Entscheidend ist, dass er es aber selber weiss und aus der misslichen Situation herauskommt. Der Gründer der EMS-CHEMIE riet mir einmal in meinen Anfangsjahren: «Wenn es dem Unternehmen gutgeht, musst du so tun, als würde das

Unternehmen untergehen, sonst werden alle übermütig. Wenn es dem Unternehmen schlechtgeht, musst du so tun, als könntest du die ganze Welt fressen, sonst kündigen dir die Banken die Kredite.» Doch bei der heutigen Transparenz ist es unmöglich, solch zweckdienliche Falschaussagen zu verbreiten. Jeder Untergebene spürt selber, ob es einer Firma gut- oder schlechtgeht. Sonst verliert man natürlich auch die Glaubwürdigkeit. Diese ist aber sehr wichtig. Meine Erfahrung zeigt, dass beispielsweise der Speditionsangestellte aufgrund der Auslieferungen viel frühere Kenntnisse über den momentanen Zustand des Unternehmens hat als ein leitender Angestellter. Darum plädiere ich auch für Transparenz innerhalb eines Unternehmens. Vor die Leute hinstehen und sagen, dass es der Firma schlechtgehe, gibt Vertrauen in die Führung! Die Führung sieht das Problem und wagt, es zu benennen. Den Mitarbeitern kann und muss man dies zutrauen!

GLAUBWÜRDIGKEIT

Wie erklären Sie es denn Ihren Mitarbeitern, wenn es der Firma wirklich schlechtgeht?

Als Unternehmer neigt man dazu, sich in solchen Situationen auf Durchhalteparolen zu versteifen und zu beteuern, genau zu wissen, wie es weitergehe, auch wenn man es nicht weiss. Man glaubt, das gebe Vertrauen. Ich meine, die Vorspiegelung falscher Tatsachen schaffe kein Vertrauen. Auch wenn es intellektuell einleuchtend tönt, merken die Leute, dass etwas nicht stimmt. Das Vertrauen in die Führung wird viel grösser, wenn man die missliche Lage eingesteht und zugibt, dass man zwar momentan die Lösung des Problems noch nicht kennt, sich aber eine solche erarbeitet und sie später präsentieren will. Das entspricht dann den Tatsachen. Vertrauen schafft man nur, wenn man die Tatsachen auch so darstellt, wie sie sind. Vorausgesetzt, man kennt diese selbst.

DURCHHALTEPAROLEN

Wie bewältigt man eine Krise?

Krise kommt von Crisis – Entscheidungssituation, Wendepunkt, gefährliche Situation. Zuerst muss man sich klar werden: Was ist eigentlich los? Was ist das Problem? Am wichtigsten ist, das Problem herauszufinden. Da die Analyse einen Missstand ergibt, ist diese häufig unangenehm. Deshalb werden Krisen oft verschwiegen, verdrängt, kaschiert oder abgestritten. Das gilt besonders in der Politik, aber auch bei Krisen im privaten Bereich. Was nicht sein darf, das ist nicht. Denken wir an die Aufdeckung der Missbräuche bei der Invalidenversicherung. Jahrelang wurden diese Vorkommnisse einfach bestritten, dann als Einzelfälle abgetan. Ein typischer Reflex, der die Lösung der Krise verhindert! Will man ein Problem nicht erkennen, kann man es ja auch nicht lösen. Natürlich ist es oft schwer und unangenehm, die Wirklichkeit einzugestehen. In der Führung gehört es aber zur Pflicht, dass man auch mal sagen kann: «Wir haben ein riesiges Problem, eine ganz dumme Situation und noch keine Lösung.» Wer das zugibt, ist schon auf dem guten Weg zur Lösung.

Was war für Sie persönlich Ihre grösste Krise?

PERSÖNLICHKEITSKRISE

Ich hatte immer wieder persönliche Krisen, wenn ich grosse Probleme lösen musste. Nachdem ich EMS übernommen hatte, wuchs dies natürlich auch zur Persönlichkeitskrise aus. Weil ich mich gefragt habe, kann ich das überhaupt? Nun, wenn alle anderer Meinung sind als man selbst, dann gerät man leicht in eine Krise. Kann es denn sein, fragt man sich, dass ich der Einzige bin, der das richtig sieht?
Aber Krisen – gefährliche Situationen –, die man bewältigen kann, stärken für die Zukunft.

Der richtige Lohn

Worin besteht der Unterschied zwischen Unternehmer und Manager?

Der klassische Unternehmer ist der Eigentümer des Unternehmens, welches er auch selber führt. Er ist nicht nur ein «Couponabschneider» wie der Aktionär, der, obwohl Eigentümer, keine Führungsaufgaben wahrnimmt. Der Manager hingegen führt das Unternehmen, ist aber nicht Eigentümer. Der Unternehmer ist in der Aktiengesellschaft sowohl der bestimmende Aktionär als auch der Manager. Es ist also falsch, alle, die in irgendeiner führenden Stellung stehen, als Unternehmer zu bezeichnen, wie dies heute häufig getan wird.

MANAGER

AKTIONÄR

Ist es richtig, dass Manager Löhne in Millionenhöhe verdienen?

Lohn, das heisst hier wohl eine regelmässige Entschädigung für eine Arbeitsleistung und bei guter Leistung einen Bonus, warum nicht? Ich hatte in meinem Unternehmen Mitarbeiter, die einen höheren Lohn bezogen als ich, obwohl ich Verwaltungsratspräsident, CEO und Mehrheitsaktionär war. Da diese aber nicht Eigentümer des Unternehmens waren und somit auch nicht in gleicher Weise am Unternehmensgewinn partizipieren konnten, ging das in Ordnung. Dank der Leistung der Manager ist auch der Wert des Unternehmens gestiegen. Allerdings mussten sie einen allfälligen Verlust nicht mittragen. Das Salär bekamen sie trotzdem. Auch leitende Leute stehen in einem Arbeitsmarkt. Falls ich niemanden finde, der diese Arbeit billiger macht, muss ich den Manager entsprechend entlöhnen. Aber ich muss nicht jede Forderung erfüllen und kann auch einmal nein sagen.

Haben Sie selbst Löhne in Millionenhöhe ausbezahlt, wie sie bei den oberen Kadern der Grossbanken oder in der chemischen Industrie üblich sind?

Nein, wir waren auch eine kleinere Firma, die ich selbst führte. Ich fand immer gute leitende Leute, die ich selbstverständlich auch nach Leistung honorierte, doch ausserhalb dieser Grössenordnungen. Ich war bei leitenden Leuten stets für das Prinzip des relativ niedrigen Salärs, aber bei hoher Beteiligung am Erfolg. Das war dann bei guter Leistung unter Umständen auch ein ganzes Jahressalär oder mehr. Wichtig aber ist, die Kraft zu haben, den Erfolg klar zu bezeichnen, die Leistung daran zu messen und bei Nichterreichen keinen Bonus zu bezahlen. Der Erfolg besteht nicht immer nur aus der Höhe des Gewinns.

BETEILIGUNG AM ERFOLG

Nach welchen Kriterien haben Sie bei der EMS-CHEMIE die Löhne bewertet?

LOHN-GERECHTIGKEIT

Wie gesagt: Lohngerechtigkeit gibt es nicht, da der Lohn immer einen Marktwert darstellt.
Wenn man einen Schlosser sucht und alle Schlosser verlangen CHF 6000.–, dann bewegt sich der Lohn in dieser Grössenordnung. Wenn einer kommt und sagt, er wolle CHF 8000.–, und er ist nicht besser als der, der CHF 6000.– kostet, dann wird er nicht CHF 8000.– bekommen. Dasselbe gilt im Prinzip auch für Führungsleute. Stark bewerte ich die Leistung des Mitarbeiters. Die Gewerkschaften wollen, dass alle etwa die gleichen Löhne haben. Das führt dazu, dass die Leistungsschwachen zu viel verdienen oder – noch schlimmer – die Leistungsstarken zu wenig: Ausgeprägt ist dieses Denken in der Bundesverwaltung.

Wie beurteilen Sie die ganze Diskussion über die sogenannten Abzockerlöhne?

Wichtig ist, wer diese Saläre bestimmt. Es kann nicht sein, dass die obersten Manager ihre Bezüge ohne Mitsprache der Eigentümer bestimmen. Dies ist bei Firmen mit einem Eigentümer oder wenigen Hauptaktionären klar. Wenn aber die

Eigentümer bei grossen Aktiengesellschaften so stark pulverisiert sind, dass sie unfassbar werden, ist das schwieriger. Für diese Fälle muss das neue Aktienrecht eine Lösung vorsehen. Daran arbeiten wir zurzeit in unserem Departement. Zunächst müssen die Bezüge den Aktionären vollständig offengelegt werden. So können Leistungen und Bezüge verglichen werden. Die hohe Leistung muss – namentlich in schwierigen Situationen – entschädigt werden, denn auf die Spitze kommt es an. Ich habe nichts dagegen einzuwenden, dass Oswald S. Grübel von der Credit Suisse (CS), der in schwierigster Situation die Führung übernehmen musste, sich damals – wie ich der Zeitung entnehme – mit Optionen bezahlen liess, welche heute dank der unter seiner Leitung erwirtschafteten Gewinne vielleicht 60 oder 80 Millionen wert sein sollen. Allerdings habe ich sehr viel Mühe, wenn sich Manager mit schlechten Leistungen hohe Entschädigungen, Boni oder Abgangsentgelte auszahlen lassen.

AKTIENRECHT

OPTIONEN

Ist der Eindruck falsch, dass das obere Kader sich von der Umwelt entfremdet und auch zu gierig geworden ist?

Ja und nein. Dass jemand viel verdienen will, kann man niemandem verargen. Wenn er jemanden findet, der ihm viel bezahlt, ist das auch nicht sein Fehler. Aber es geht nicht an, dass man bei Publikumsgesellschaften den Managern eine volle Kasse vor die Nase setzt und sagt: «Da, nehmt!» Wo die Eigentümer stark pulverisiert sind, funktioniert Eigentumsschutz bis anhin schlecht. Im neuen Aktienrecht soll eine grössere Einflussmöglichkeit der Aktionäre gewährleistet sein. Insbesondere da es sich hier nicht um Löhne, sondern um Leistungsprämien für herausragende Resultate handelt. Meine Meinung als ehemaliger Unternehmer – nicht als Bundesrat – ist, dass bei schlechten Resultaten die Prämie wegfallen sollte! Für Manager sollten die Bezüge beschränkt sein, und zwar nach oben wie nach unten. Der Unternehmer braucht diese Beschränkung nicht: Sein Vermögen ist direkt vom Verlust oder Gewinn abhängig. Doch der Manager bekommt in jedem Fall sein Salär – also die Beschränkung nach unten. Ist der Bonus sehr hoch, darf das ordentliche Salär nicht zu hoch ausfallen. Steht man als oberster Chef für den Erfolg eines Unternehmens ein, ist man für alles verantwortlich: Deshalb ist es gleichgültig, ob man das Salär an den Börsenkurs oder an das Ergebnis bindet. Würde dies alles klar gehandhabt und transparent gemacht, dann hätten das Umfeld und damit die Gesellschaft keine Mühe, das zu verstehen.

Sie plädieren also für einen Deckel bei den Managerlöhnen?

Wenn es einen Sockel nach unten gibt, muss es auch einen Deckel nach oben geben. Aber hier spreche ich als ehemaliger Unternehmer, nicht als Bundesrat. Es ist nicht Sache des Staates, das zu bestimmen.

Und wo wäre der Deckel etwa?

Jürgen Dormann hat gesagt, die Grenze bei ABB sei im Bereich eines einstelligen Millionenbetrages gewesen. Er war als CEO und Präsident von ABB sehr erfolgreich und bekam jährlich vier Millionen Franken. Das war wahrscheinlich die Beschränkung. Das finde ich sinnvoll. Wäre es aber bei ABB ganz schlecht gegangen, hätte er wohl dennoch eine sichere Entschädigung erhalten. Unter dieses Salär konnte er nicht sinken. Das wäre dann der Sockel nach unten gewesen. Der Unternehmer als Eigentümer hat aber keinen Deckel und keinen Sockel. Ihm gehört der ganze Gewinn, aber auch der ganze Verlust.

Verdient ein Schweizer Bundesrat genügend?

BUNDESRAT

Die Entschädigung ist sehr gut. Aber man sollte nicht wegen der Entschädigung Bundesrat werden. Wer ein hohes Salär will, muss ein erfolgreicher Manager werden und nicht

Bundesrat. Aber mit jährlich zwischen 400 000 und 500 000 Franken Einkommen verdient ein Bundesrat mehr als der amerikanische Präsident. Dazu darf ein Bundesrat – selbst wenn er früh abgewählt wird oder zurücktritt – eine gute Rente beziehen. Die Behauptung, wonach man keine Bundesräte mehr finde, sobald das Salär geringer ausfalle, ist absurd. Die meisten Bundesräte der letzten zwanzig Jahre haben zuvor im privaten Sektor weniger verdient.

MORAL

Wie halten Sie es mit der Moral? Ist Moral für Sie ein Schimpfwort?

Nein. Was ist Moral? Es ist das Gleiche wie Ethik. Moral kommt aus dem Lateinischen, Ethik aus dem Griechischen. Lateinisch mos, moris = die Sitte. Beides heisst «das dem Leben Gemässe».
Die Trennlinie läuft nicht zwischen Ethik einerseits und Moral andererseits, sondern zwischen Ethik und Moral einerseits und Moralismus andererseits. Moralismus ist für mich allerdings ein Schimpfwort. Denn durch den Moralismus (in allen Formen und Varianten) hat man den Begriff aus der Wirklichkeit auf die Ebene der Ideologie gehoben.

MORALISMUS

Und damit wird es verwerflich. Jetzt macht man aus dem «Lebensgemässen» ein «dem Leben Übergeordnetes». Das ist besonders schlimm für die Führung, denn die Führung hat sich streng an der Wirklichkeit zu orientieren. Das Leben, die Wirklichkeit, setzt sich immer durch.
Jede Führungstätigkeit beginnt mit dem Problem. Das Problem ist eine rechnerische Grösse, das heisst die Differenz zwischen dem, was ist, und dem, was ich erreichen will. Oder mathematisch dargestellt: Problem = «Ist» minus «Soll». Wesentlich ist, dass man das «Ist» erkennt, die Wirklichkeit. Das ist viel schwieriger, als man meint.

IST MINUS SOLL

Um den Ist-Zustand herauszufinden, sind alle Instrumente beizuziehen. Die am häufigsten benutzten – die Umfragen – sind meiner Meinung nach keine sachdienlichen Mittel. Sie liefern keine objektiven Resultate. Die Annahme, wonach die Leute bei Umfragen die Wirklichkeit schildern, ist falsch. Wenn man gefragt wird, sagt man, was man im Moment glaubt, und ist zudem beeinflusst von der Suggestionskraft der Frageform. Diese Antworten als Wirklichkeit zu bezeichnen ist falsch. Am meisten erfährt man aber, wenn man gut zuhört und gut beobachtet und von ganz verschiedenen Seiten an die Sache herangeht. Und darüber nachdenkt. Auf die Feststellung des Ist-Zustands verwende ich viel Zeit.

UMFRAGEN

Wenn man fragt, was die Leute unter einem Problem verstehen, merkt man, dass die meisten das Problem mit Schwierigkeiten, mit Lebenslasten, mit Unannehmlichkeiten gleichsetzen. Dabei ist es wichtig, dies auseinanderzuhalten: Probleme hat man zu lösen, Lasten hat man zu tragen – und nicht umgekehrt.

Wo setzen Sie bei einem Unternehmensführer die moralischen Grenzen?

Tun, was dem Leben entspricht.

Als international agierender Unternehmer waren Sie aber auch in China und Russland tätig, zwei Ländern, in denen grosse Korruption herrscht. Nach welchen Grundsätzen sind Sie dort vorgegangen?

KORRUPTION

Man hat auf die Praktiken der Korruption verzichtet, mit dem Risiko, auch einmal ein Geschäft zu verlieren. Auch die Empfehlungen anderer Geschäftsleute, für bestimmte Dienstleistungen Provisionen zu zahlen, habe ich strikt abgelehnt. Gleichzeitig ist die Frage zu beantworten, ob man mit solchen Ländern überhaupt Geschäfte betreiben darf. Geschäfte tätigen mit diesen Ländern heisst ja nicht, dass man jede Praxis solcher Länder gutheisst. Ein Verzicht darauf würde vielmehr die Wirtschaft dieser Länder zum Stillstand bringen, was auch nicht in unserem Interesse liegen kann. Wir verkehren und leben alle in einer sündigen Welt – nicht nur in diesen Ländern.

Aber hatten Sie wirklich nie Skrupel, Geschäfte mit sogenannten Unrechtsregimen zu machen?

Ich bin mir bewusst, dass in anderen Gegenden dieser Welt auch andere moralische Vorstellungen herrschen. Manchmal muss man über die Tatsache, dass durch Geschäftsbeziehungen auch Ungerechtigkeiten unterstützt werden, hinwegsehen. Oftmals ist gar nicht klar ersichtlich, wo die Korruption beginnt. In Ländern mit staatlicher Planwirtschaft – zum Beispiel in der damaligen kommunistischen Sowjetunion – sass bei jeder Verhandlung ein Staatsbeamter, ein Aufpasser, daneben. Offiziell war er da, damit keine Korruption geschieht. Inoffiziell hiess es, er kassiere für irgendwen eine Prämie. Wo freie Marktwirtschaft mit selbstverantwortlichen Unternehmern herrscht, ist die Gefahr der Korruption viel geringer. Denn in der freien Marktwirtschaft zählen letztlich nur Qualität, Leistung und der Preis.

Sie legten immer sehr viel Wert auf Arbeitsethos. Gleichzeitig haben Sie viel Geld an der Börse verdient. Ist dies kein Widerspruch?

Jedes Unternehmen hat Zeiten mit überflüssigen finanziellen Mitteln. Diese hat es anzulegen, zum Beispiel durch den Kauf von Aktien an der Börse. Das ist die Pflicht des Unternehmers. Was soll daran verwerflich sein? Macht man es gut, so ist der Ertrag hoch. Allerdings ist das nicht so einfach, sonst würde jeder hohe Erträge erwirtschaften. Ich weiss nicht, was an diesen Finanztätigkeiten so schlecht sein soll!

In den neunziger Jahren hatten Sie auch Ihre Zweifel …

Als ich Ende der neunziger Jahre sah, mit welcher Leichtigkeit man in kürzester Zeit an der Börse Geld verdienen konnte, hatte ich als Industrieller auch meine Zweifel, ob wir Industrielle nicht etwas falsch machen würden. Doch diese Bedenken dauerten bekanntlich nicht allzu lange. «Wie gewonnen, so zerronnen.»

Geld ist ein wichtiges Betriebsmittel. Mehr nicht. Gewinn dagegen war für mich als Unternehmer immer eine wichtige Grösse. Gewinn im Vergleich zur Konkurrenz ist der Massstab. Gewinn ist das Blut des Unternehmens. Bei EMS wollte ich nicht die Mehrheit, um reich zu werden, sondern um das Sagen

GELD

GEWINN

zu haben, um führen zu können. Aber ich will mich selbstverständlich nicht darüber beklagen, dass ich reich geworden bin. Reichtum ist Ausdruck des Erfolgs. Es gibt ja nichts Traurigeres als einen armen Unternehmer. Kapitalanlage als Tätigkeit, wie sie zum Beispiel Martin Ebner betreibt, betrachte ich als sehr wichtig, ist doch zum Beispiel die ganze Altersvorsorge auf Wertvermehrung von Kapital angewiesen.

Ist denn ein Unternehmer ein Idealist?

In gewissem Sinne schon. Er ist von der Idee besessen, etwas zu machen. Ich freue mich stets, wenn einer diesen Schritt wagt. Der neue «Weltwoche»-Chefredaktor Roger Köppel ist jetzt Unternehmer, Eigentümer und Verleger und will aus seinem Blatt eine Zeitung machen, die aus dem ganzen Mainstream ausbricht. Das ist ein lobenswerter Idealismus, der ihn antreibt. Oder man könnte wiederum etwas weniger hochtrabend sagen: Sein Motiv stimmt. Er macht sein ganzes Schicksal abhängig von diesem Ziel. Gleichzeitig ist es für ihn eine unternehmerische Lebensnotwendigkeit, eine genügende Anzahl von Lesern und Anzeigenkunden zu gewinnen, weil er auch wirtschaftlich Erfolg haben muss.

Sie haben während Ihrer Zeit als Nationalrat immer wieder betont, dass Sie nicht Bundesrat werden wollen.

PFLICHTERFÜLLUNG

Das stimmt und war auch noch 2003 so. Nach dem grossartigen Wahlerfolg blieb mir aber keine andere Wahl, als für den Bundesrat zu kandidieren. Dies nicht zuletzt darum, weil ich die SVP in den vorangegangenen 25 Jahren durch meine Vorstellungen geprägt hatte und für viele Bürger auch den Grund ihrer Stimmabgabe für die SVP darstellte. Die Kandidatur war keine Frage des Wollens, sondern der Pflichterfüllung. Gleichzeitig hatte ich aber meine definitive Zusage bis zum Vorabend offen gelassen. Im Gegensatz zu meiner ersten Kandidatur im Jahre 1999 wusste ich, dass wir diesmal Chancen haben würden, auch wenn mir ein Gelingen zunächst unmöglich schien.

Dann handelte es sich also beim ersten Mal um eine Scherzkandidatur?

Nein, das nicht. Bei meiner ersten Kandidatur wollten wir unseren Anspruch auf einen zweiten Bundesratssitz klar demonstrieren. Wir wussten, dass diese Forderung zwar berechtigt war, zu jenem Zeitpunkt aber nicht durchgesetzt werden konnte. Wir mussten jemanden finden, der glaubwürdig war und den man durch eine solche Kandidatur politisch nicht verheizte. So habe ich mich entschlossen anzutreten. Es war eine glaubwürdige Kandidatur, durch welche ich keinen Schaden genommen habe. Es gibt Situationen, in denen man antreten muss, obwohl das berechtigte Ziel nicht erreichbar ist. Aber man setzt sich dann eben ein anderes, erreichbares Ziel.

Trotzdem waren Sie sehr enttäuscht, als Sie nicht Ständerat wurden …

ENTTÄUSCHUNG

Nach jeder Nichtwahl ist man enttäuscht. Aber es war keine persönliche Enttäuschung. Mein Ziel war ein anderes: Die vielen öffentlichen Auftritte gaben mir 1987 die Möglichkeit, unsere damals neue Botschaft, die stark vom alten Programm der alten BGB – der Bauern-, Gewerbe- und Bürgerpartei – abwich, vorzustellen. Damit eine Botschaft einschlägt, muss man sie bis zum Überdruss repetieren. Während dieses Wahlkampfs realisierte ich erstmals auch das Abseitsstehen des Freisinns. Was mich persönlich ärgerte, war die sektenhafte Haltung der damaligen FDP, die einem die Unterstützung nur unter der Bedingung des Dazugehörens gewährte. Ob man für die Bürger das richtige Programm vertrat, war sekundär. Darüber ist der Freisinn letztlich gestrauchelt. Hätten wir in jenem Wahlkampf eine echte Chance auf einen Sitz gehabt, wäre jemand anders angetreten.

Wie erkennt ein Unternehmensführer oder Politiker, dass der Zeitpunkt des Rücktritts gekommen ist?

Wenn man merkt, dass die Leistungsfähigkeit nicht mehr genügt, sollte man zurücktreten. Das heisst, dass jemand anders die gleiche Leistung besser erbringen kann.

Diese Einsicht ist aber die Ausnahme …

ALTER

Im Alter ist das vielleicht eine Gefahr. Darum gibt es auch kein Patentrezept für einen optimalen Abgang. Schwinden aber die Kräfte, so wird ein Rücktritt unausweichlich. In diesem Moment muss man die Jungen ranlassen und ihnen die Möglichkeit geben, ihren eigenen Weg zu gehen. Als ehemaliger Chef muss man sich auch dann zurückhalten, wenn die Firma – durch den Rücktritt – in leichte Schräglage gerät.

Sie greifen also nicht in die Geschäfte Ihrer Tochter ein?

Nein. Bislang bestand allerdings auch kein Grund dazu. Meine Kinder hatten den Nachteil, dass sie das Geschäft in einer äusserst hervorragenden wirtschaftlichen Situation übernehmen konnten. Für sie wäre es besser gewesen, in eine Rezession hineinzugeraten und sich dabei den Kopf blutig zu schlagen. Trotz anfänglicher Bedenken bin ich heute aber zuversichtlich, dass sie reüssieren. Sie machen auch vieles besser, weil sie besser ausgebildet sind, als ich es war. Trotzdem habe ich mir vor den Wahlen überlegt, was ich als Bundesrat unternehmen würde, sollte die Firma in Schieflage geraten.

Was hätten Sie in einem solchen Fall unternommen?

Ich wäre wie Peter Bodenmann aus der Regierung ausgetreten. In einer solchen Situation, in der das Wohl vieler Familien gefährdet ist, macht es keinen Sinn, im Bundesrat zu bleiben.

Heute ist ein solcher Schritt weder nötig noch möglich, da die Firmen mittlerweile vollständig meinen Kindern gehören.

Bewundern Sie Bodenmann für diesen Schritt?

Nein. Die Art und Weise, wie Bodenmann aus dem Walliser Staatsrat ausgetreten ist, war äusserst zwielichtig. Er suchte für seinen Rücktritt einen Vorwand, indem er behauptete, seine Familie werde mit anonymen Schreiben aus dem Umfeld der CVP traktiert. In Wirklichkeit wollte er mit diesem Trick nur sein Vermögen retten. Dafür aber hatte ich wiederum Verständnis.

Fiel Ihnen der Rücktritt aus Ihrem Unternehmen schwer?

Ja, es war wirklich ein Schock, als ich kurz nach der Wahl in den Bundesrat realisierte, dass ich mich von meinem Unternehmen sofort trennen musste. Auch für meine Kinder kam dieser Schritt sehr früh. Aber ich beruhigte sie, dass vieles im Leben nicht planbar sei und zur Unzeit komme. Wäre ich überraschend verstorben, wären sie auch ins kalte Wasser gestossen worden.

UNZEIT

Wie würden Sie als Vorgesetzter mit jemandem umgehen, der ähnlich funktioniert wie Sie?

Das weiss ich nicht. Ich kann nicht sagen, ob ich mit mir selber gut auskäme. Ich habe eigentlich nie Mühe, mit Leuten umzugehen, die ihrer Pflicht nachkommen. Ich komme mit ganz unterschiedlichen Typen zurecht, auch mit Chaoten. Sie müssen einzig ihre Aufträge erfüllen und gute Anträge stellen. Es gab ja Mitarbeiter, die waren ganz aussergewöhnliche Figuren, auch solche, die mich harsch kritisierten. Das hat mir nichts ausgemacht, ich habe mich mit keinem wegen seiner Eigenheiten zerstritten.

Fürchten Sie sich vor dem Ruhestand?

Nein. Ich freue mich auf den Moment, wo ich mich meinen Interessen hingeben kann. Ich arbeite viel, aber Arbeit war nie mein Lebenszweck.

Viele Politiker haben aber dieses Gefühl.

Stimmt. Aber mein Leben ist auch voller Inhalt ohne Arbeit.

Welche Pläne haben Sie denn für die Zeit danach?

MITTEL ZUM ZWECK

Ich plane nichts. Für mich selbst habe ich nie geplant. Ich war stets ein Mittel zum Zweck, das sich immer als notwendig erwies. Ich habe ein völlig ungeplantes Leben hinter mir und auch noch vor mir.

Welche Taten oder Ideen werden Sie überdauern?

Das weiss ich doch nicht …

Hat Sie diese Frage nie beschäftigt?

Nein, das ist auch nicht mein Problem. Das können viel später andere beurteilen und auch entscheiden. Wer weiss denn schon, wie die Welt aussähe, wenn man selbst nicht geboren worden wäre?

Kein Blick zurück auf Erfolge und Misserfolge?

Doch, für mich ziehe ich Bilanz. Nur schon, um Erfahrungen zu sammeln. Wo habe ich was richtig und wo falsch gemacht? Die Geschichte – auch die eigene – wiederholt sich nicht, aber man kann daraus lernen. Wenn ich dann zurückblicke, frage ich mich ab und zu: Was habe ich eigentlich erreicht? Der grösste Arbeitgeber Graubündens wäre wahrscheinlich verschwunden. Der Kampf um die Kammgarnspinnerei Interlaken – eine aufreibende und selbsterniedrigende Auseinandersetzung – wäre verlorengegangen. Was wäre aus der Zürcher SVP, was aus der SVP, was aus der EWR-Abstimmung geworden? Was wäre mit vielen wertvollen Kulturaufführungen usw.? Lassen wir das alles beiseite. Gehen wir vorwärts. Die Geschichte werden andere schreiben. Später.

Der Kampf gegen den EWR hat sich also gelohnt?

Ja, der Widerstand hat sich gelohnt. Es waren ja nicht allzu viele, die dagegenhielten, auch bei den Medien nicht. Einzig die «Schaffhauser Nachrichten» als einzige Tageszeitung standen damals wie ein Fels in der Brandung. Ich werde nie vergessen, dass sie nicht «mit den Wölfen heulten». Heute, wo die meisten den Unsinn eines EU-Beitritts einsehen, ist es keine Kunst mehr, in der Schweiz gegen eine EU-Mitgliedschaft zu sein. Doch es ist sehr gut, dass es Leute gibt, die das schon 1992 erkannt haben. Und dem Schweizervolk gebührt Hochachtung, dass es nein sagte zur blinden Euphorie. Nein zu all jenen, die Rang und Namen hatten und die Selbstbestimmung der Schweiz aufgeben wollten. So blieb das Einfallstor in die EU verschlossen!

MENSCHENBILD, RELIGION UND KIRCHE

Was haben Sie für ein Menschenbild?

Ich habe ein christlich-abendländisch geprägtes Menschenbild. Der Mensch ist eine Kreatur Gottes. Er ist Ebenbild Gottes, wie es in der Bibel heisst, aber eben nur Ebenbild. Nicht Gott selbst. Deshalb wird der Mensch nicht durch eigene Verdienste, eigene Leistung, eigenes Verhalten bestimmt, sondern durch die Gnade Gottes. Das bedeutet, dass jeder Mensch – wo er auch steht und was er auch macht – niemals verloren ist und von Gott in jeder Situation ernst genommen wird und darum auch von uns ernst genommen werden soll.

EBENBILD GOTTES

Wie setzen Sie diese Erkenntnisse im Alltag um?

Ich nehme die Menschen ernst; mehr noch, ich habe sie gern. Auch meine Gegner, über die ich gelegentlich fluche und die ich manchmal als «truurigi Sieche» bezeichne, nehme ich ernst und setze mich mit ihren Anliegen auseinander. Die Kunst von Albert Anker und Ferdinand Hodler ist Ausfluss dieser Lebensauffassung. Lange Zeit konnte ich mir den Grund für die faszinierende Wirkung von Albert Ankers Bildern auf mich nicht recht erklären. Ich bin in der Bauchgegend getroffen, auch gerührt, dankbar. Als ich aber in einem seiner Briefe sein Leitmotiv fand: «Siehe, die Welt ist nicht verdammt», gingen mir die Augen auf. Der Kreis schloss sich. Anker malt die Menschen so, dass sie niemals verloren wirken, auch nicht in der misslichsten Lage. Das ist tröstlich. Deswegen kann er auch seinen Sohn auf dem Sterbebett malen, ohne dass es voyeuristisch wirkt. Trotz des schmerzhaften Motivs – der Tod des zweijährigen Sohnes hat ihn so schwer getroffen, dass er über ein Jahr lang nicht mehr malen konnte – wirkt das Bild sehr tröstlich. 1985 fand in seinem ehemaligen Wohnort Ins im Berner Seeland eine grosse Anker-Ausstellung statt, der ich einige meiner Bilder zur Verfügung stellte. Ich habe mir während eines ganzen Tages die Mühe genommen, die Besucher beim Betrachten der Bilder zu beobachten. Wie bei einer Prozession zogen sie pausenlos an den

ALBERT ANKER FERDINAND HODLER

ausgestellten Werken vorbei und waren von Ankers Darstellungen völlig ergriffen. Ihm gelang es, die Gnade Gottes bildlich darzustellen. Der «Tages-Anzeiger» hat mich damals gebeten, meine Eindrücke aufzuschreiben, was ich dann auch getan habe.

Und Hodler?

Ich meine, Hodler unterscheidet sich nicht allzu stark von Anker. Natürlich ist er ein anderer Charakter. Auch Hodler war – wie Anker – fasziniert von der Schönheit des Lebens: Betrachten Sie seine unglaublichen Berglandschaften. Der Hauptteil meiner Hodlersammlung besteht aus Landschaften. Wie starke Persönlichkeiten stehen die Berge da im Nebel, bei Mondschein, in der Sonne. Er bewunderte und verehrte die Natur, musste sie immer wieder darstellen. Hodler hat die Landschaften aber auch idealisiert. Was ihm nicht gefiel – wie beispielsweise Häuser –, liess er einfach weg.

Das würde aber Ihrer Theorie widersprechen?

Nein, er liess ja nur weg, was künstlich – also von Menschenhand – dazukam. Das war bei Anker auch so: Anker zeigte das, wofür der Mensch nichts kann. Er malte vor allem Kinder, weil Kinder die Gnade Gottes beispielhaft und unmittelbar zum Ausdruck bringen. Sie verdecken nichts. Sie sind, was sie sind. Dass sie geboren wurden, dafür können sie wohl nichts. Ebenso gerne malte Anker das scheinbar Verlorene: Alte Leute vor dem Tod. Sie haben ihr Leben gelebt. Es gibt nichts mehr vorzuspiegeln und auch nichts mehr zu verlieren. Auch Hodler zeigte dies auf seine Weise mit seiner Freude am Kraftvollen – beim Bild des Holzfällers. Soll man ihm da übelnehmen, dass er ein Haus, das einer da hineinkonstruiert hatte, nicht wiedergeben wollte?

Zurück zur Gnade Gottes, die in Ankers Werk ausgedrückt wird. Gilt sie auch für diejenigen, denen es miserabel geht?

Natürlich. Gerade für diese. «Siehe, die Welt ist nicht verdammt.» Anker hat neben seinem toten Sohn auch kranke Kinder, Armut (die Armensuppe), Boshaftigkeit (der Zinstag), Verlorenheit (Pestalozzi mit Waisenkindern) dargestellt. Die Aussage ist immer die Gleiche: «Auch Du bist nicht einmal im Tod verloren.» Weniger hochtrabend ausgedrückt, bezeichnet man diese Haltung als «gesundes Gottvertrauen».

GOTTVERTRAUEN

Haben Sie das?

Ja. Ausgesprochen.

Was verstehen Sie unter einem «gesunden Gottvertrauen»? Sind Sie von einem Schutzschild umgeben?

Nicht nur ich – alle Menschen tragen einen solchen Schutzschild. Das ist doch die wahre christliche Botschaft. Wenn es mir himmeltraurig geht, richtet mich das Wissen um die Gnade Gottes wieder auf. Ich erinnere mich an einen Roman über Adlige in früheren deutschen Gebieten, die alles verloren hatten und fliehen mussten. Da gab es eine Magd, die gewissermassen lebenslänglich zu Haus und Familie gehörte. Diese Magd sagte tröstend in jeder Situation den Kindern, den Meisterleuten, den anderen Bediensteten – das ganze Jahr hindurch –: «Keine Angst! Es geht auf Ostern!» Diese Magd hat begriffen, worum es geht. Sie bringt damit zum Ausdruck, dass es immer auf Ostern zugeht – egal, zu welcher Jahreszeit. Ostern, die Auferstehung, die Erlösung, steht also immer bevor. Keine Angst, es wird dir nicht mehr aufgeladen, als du tragen kannst! Du bist erlöst!

Trotzdem kann man objektiv scheitern ....

SCHEITERN

Was heisst objektiv? Scheitern kann man vor allem nach menschlichen Massstäben, aber man ist deswegen doch nicht verloren! Als ich 1983 praktisch ohne eigenes Kapital die EMS-

CHEMIE übernahm, was für unsere junge Familie ein sehr grosses Risiko war, war das Scheitern nicht auszuschliessen. Es war für die Familie und die Firma kaum auszudenken, was geschehen wäre, wenn mir etwas passiert wäre. Aber ich hatte die Gewissheit, dass selbst bei einem allfälligen Scheitern, auch im Todesfall, die Welt nicht verloren ist. Wir alle stehen in der Gnade Gottes. Alle! Sogar über den Tod hinaus, auch wenn ich keine Vorstellung vom Himmel habe. Doch das ist auch nicht meine Sache. Ich weiss nur, alle sind erlöst.

Haben Sie eine konkrete Vorstellung von Gott?

Nein. «Du sollst dir kein Gottesbild machen …» Der Glaube ist das Verhältnis Gottes zu den Menschen und nicht umgekehrt. Gott liebt die Menschen nicht wegen unserer Vollkommenheit, sondern trotz unserer Unvollkommenheit. «Alle sind erlöst.» Mein Vater – der Pfarrer – warnte mich immer vor den selbsternannten Frommen, vor den Süssen und den Heuchlern. Diese moralistisch Frommen legen das ganze Evangelium zu ihren Gunsten aus und erheben den Anspruch, nur weil sie an Gott glaubten, seien sie auch fehlerlos. Sie meinen, es komme auf ihre Entscheidungen und Taten an, nicht auf Gottes Wille. Als ob Gott auf so etwas angewiesen wäre! Gerade im Zusammenhang mit der Asylvorlage hatte ich sehr viel mit solchen Frommen zu tun, die sich durch eine ganz spezielle Aufsässigkeit auszeichnen und ständig betonen, wie fest sie mich in ihr Gebet einschlössen, damit auch ich das Gute – wie sie – tun könne. Darauf antworte ich jeweils: «Das ist nicht nötig, denn ich befinde mich – wie Sie auch – bereits in der Gnade Gottes.»

HEUCHLER

Woher stammen diese Auffassungen?

Das kann man nie genau sagen. Sicher spielt das Elternhaus eine prägende Rolle. Aber wer weiss schon, was er in früheren Jahren mitbekommen hat. Gerade im frühen Alter, wo in besonderer Weise alles geschenkt und gegeben ist.

Nur so so viel: Unsere Mutter – mit ihren elf Kindern – setzte sich ausnahmslos jeden Abend zu den sieben Jüngsten ins sogenannte «grosse Kinderschlafzimmer». Bevor wir Kinder schlafen sollten, hatten wir alle die Hände zu falten. Dann beteten wir immer das gleiche Gebet: «Liebe Gott, mir danket Dir vo Härze für de hütigi Taag; für alles Schöni, wo Du euis gschänkt häsch, vor allem aber au, dass Du euis bhüetet häsch. Gib Du em liebe Vater und de liebe Mueter, em Martin, de Judith, em Gerhard, de Sophie, de Theres, de Miriam, em Christoph, de Hedwig, em Andres, de Brigitt und de Gertrud (das sind die Namen der elf Kinder) und allne arme und chranke Chind, wo uf Ärde sind, e gueti Nacht und morn wieder en guete Tag. Mir danket Dir defüür. Amen.» Und dann folgten das «Unser Vater» und ein geistliches Lied, das wieder die Gnade Gottes betonte: «Breit aus die Flügel beide …»
Was es für das Leben eines Menschen bedeutet, dass er schon früh – ohne es erfassen zu können – an die Gnade Gottes erinnert wurde und täglich dafür dankte, das kann man nicht wissen, höchstens ahnen! Unsere Mutter war alles andere als eine ausgebildete Theologin: Nach 9 Schuljahren musste sie bei den Eltern den bäuerlich-kleinhandwerklichen Haushalt besorgen, da ihre Mutter unter einer Krankheit litt. Mit 22 Jahren heiratete sie – ohne Beruf – dann den Pfarrer, der sie 6 Jahre zuvor konfirmiert hatte.
Schon früh habe ich mich intensiv mit dem Schweizer Theologen Karl Barth auseinandergesetzt. Barth, Lehrer meines Bruders Gerhard, ist meines Erachtens die grösste Hilfe für die Auslegung der Heiligen Schrift. Obwohl Barth politisch lange Zeit auf der falschen Seite stand – er war viele Jahre Sozialdemokrat, bis er sich endlich in die Bibel vertiefte –, ist er theologisch für mich richtungsweisend. Je älter ich werde, desto mehr schätze ich seinen Scharfsinn und seine Auffassung. Es ist wichtig, dass wir namentlich den Kindern diese tröstliche Zuversicht weitergeben.
Erst kürzlich, als ich mit meiner Frau in Domat/Ems an der Fabrik vorbeifuhr und an die schlaflosen Nächte, die Selbst-

zweifel und all die Ängste zurückdachte, als wir die Firma erwarben, wurde mir dies wieder klar: Die ganze Schweizer Wirtschaftsprominenz prophezeite mir ein baldiges Ende und verhöhnte den «Grosskotz», der in diesem «Bergtal» eine chemische Firma weiterführen wollte; und erst noch ohne Geld. Doch es ist anders gekommen. Die 1500 Arbeitsplätze im Kanton Graubünden sind gerettet. Mittlerweile beschäftigt die EMS-Gruppe 3000 Mitarbeitende. Ich spüre deswegen keine Schadenfreude, nicht einmal Genugtuung, sondern eine tiefe Dankbarkeit, dass dies gelingen durfte.

Aber Ihre Biographie liefert auch keinen Grund für Selbstzweifel. Ein Aidskranker dürfte mit diesem Gnadenbegriff Mühe haben …

Sind Sie so sicher? Ich besuchte kürzlich einen todkranken Menschen, der sich selbst schon aufgegeben hat. Gerade er weiss um die Gnade Gottes und die Botschaft, dass sein Leben nicht verloren ist und auch er von der Gnade Gottes lebt und leben wird. Ich weiss nicht, warum diese eine grosse, tröstliche Botschaft von der Kirche und ihren Theologen nicht jeden Tag verkündet wird. Ein kleines Beispiel: Wenige Tage nach dem 11. September 2001 war ich zu einer Fernsehdiskussion eingeladen, an welcher auch eine bekannte Pfarrerin teilnahm. Während des Gesprächs erzählte sie von einer jungen Mutter, die sich wegen ihrer kleinen Tochter, die unter Angstzuständen ob des Geschehens in New York leide, an sie gewandt habe. Die Mutter habe geklagt, die kleine Tochter könne nicht mehr schlafen vor Angst. «Und was haben Sie ihr gesagt?», wollte der Moderator von der Frau Pfarrerin wissen. «Was soll man da sagen», antwortete sie achselzuckend. «Die Verzweiflung über den Krieg, was wollen Sie da sagen?»
«Was, das war Ihre Antwort?», fuhr ich resolut dazwischen, «Sie als Pfarrerin wussten nichts Besseres zu erwidern? Wo bleibt die Gewissheit, dass das Leben nicht verloren ist?»

«Auch jetzt in einer Welt mit diesen schrecklichen Bildern und überall Krieg?», fragte die Pfarrerin vorwurfsvoll. «Was heisst überall? Dieses Kind lebt hier. Wo gibt es hier denn Krieg? In der Familie? In der Schweiz? In Europa?» Ich konnte sie nicht verstehen. Die Aufgabe des Pfarrers sollte doch sein, den Leuten die Hoffnung zu vermitteln, dass man selbst in der grössten Krise nicht verloren ist. Ich empfehle das Buch «Hiob» zur Lektüre. Hiob, der ärmste Kerl, der mir je begegnet ist! Vom Leben geschlagen, verliert er all seine Güter und seine Söhne, leidet unter Krankheit. Trotzdem findet er im Wissen um die Gnade Gottes Lebenskraft.

HOFFNUNG

Wie ist Ihr Verhältnis zur offiziellen Kirche?

Ich bin Mitglied der evangelisch-reformierten Landeskirche, lebe mit ihr und leide an ihr. Ich glaube, dass sich die Kirche von ihrem eigentlichen Auftrag, der Verkündigung des Wortes Gottes und der Seelsorge, stark entfernt hat. Moralisieren, politisieren, zurechtweisen – vor allem im Sinne der herrschenden Gutmenschenauffassung –, viel Heuchlertum und Bequemlichkeit ist dabei. Was wir Menschen brauchen, ist der Zuspruch Gottes und nicht so sehr Verhaltensanweisungen in einem für den Pfarrer fremden Sachgebiet, mögen sie noch so gut gemeint sein. Ein Moralist hält es für seine Pflicht, überall zum Rechten zu schauen, ob er etwas davon versteht oder nicht. Das alles stört mich nicht so sehr als Berufsmann und Politiker, vielmehr als Mitglied der Kirche. Die Kirche sollte in tapferer Erkenntnis der eigenen Beschränkung die Fehler, die Schuld und die Sünden der Menschen anerkennen und ihnen gerade deshalb die Botschaft der Erlösung verkünden. Das gibt den Menschen Kraft, Gewissheit und Vertrauen.

GUTMENSCHEN-AUFFASSUNG

Haben Sie in Ihrer Biographie ein Scheitern eingeplant?

Ich bin ein Worst-Case-Denker. Gewisse Bundesratskollegen werfen mir deswegen ewigen Pessimismus vor. Vielleicht bin ich hier als Unternehmer geprägt. Die ewigen Fragen lauten: «Was könnte der Zielerreichung entgegenstehen?», «Was für Nachteile hat mein Vorgehen?», «Was tue ich, wenn es ganz anders kommt?». Aber die Erfahrung zeigt mir: Gefährlich wird es immer, wenn alle quasi blindlings auf einen Entscheid zusteuern. Hier muss man schon aus Prinzip Gegensteuer geben.

Aber was kann Ihnen ausser der Abwahl aus dem Bundesrat noch ernsthaft passieren?

Ausgerechnet diesen Fall habe ich in mein Worst-Case-Denken nicht einbezogen. Denn es wäre kein Worst Case. Andere Möglichkeiten beunruhigen mich mehr: Was, wenn alle blindlings in die EU rennen wollen, wie dies Mitte der neunziger Jahre drohte? Was, wenn die Schweiz plötzlich noch weiter nach links rutscht und die Schweizer ihren eigenen Niedergang wählen? Unmittelbar vor meinem Antritt als Bundesrat habe ich mich auch mit der Frage auseinandergesetzt, was ich unternehmen würde, sollten meine Kinder in unserem Unternehmen scheitern. Glücklicherweise ist dieser Fall nicht eingetreten.

WORST-CASE-DENKEN

Aber hemmt dieses Worst-Case-Denken nicht jegliches Engagement?

Im Gegenteil. Wer sich mit den möglichen Katastrophen auseinandersetzt, stärkt seine Kraft für den gewählten Weg – sofern er denn gut ist. Kurz vor der Übernahme der EMS-CHEMIE habe ich mit meiner Frau die verschiedenen Optionen durchdiskutiert, so auch die Möglichkeit meines unerwarteten Todes. Meine Frau fürchtete damals, in diesem Falle alleine mit einer hochverschuldeten Firma und vier kleinen Kindern dazustehen. Mein Bruder Gerhard – er ist Pfarrer – durchschnitt in nächtlicher Stunde den gordischen Knoten, vordergründig spasseshalber: «Übernimmt man ein Unternehmen, um eine Karriere zu bauen, kann ein solcher Fall eintreten. Muss man hingegen ein Unternehmen übernehmen, weil dies von der Aufgabe her nun einmal richtig ist, stirbt man nicht.» Hinter dieser witzigen Bemerkung steckt eine tiefe Wahrheit: Entscheidend ist immer das Motiv! Bei der Übernahme der EMS-CHEMIE ging es um die Rettung einer beinahe bankrotten Firma und von 1500 Arbeitsplätzen im Kanton Graubünden. Einen andern, der das gleiche Risiko auf sich nehmen wollte, gab es nicht. «Und setzet ihr nicht das Leben ein, nie wird euch das Leben gewonnen sein.»

Werden solche Entscheide durch höhere Fügung beeinflusst?

Wer die Allmacht Gottes anerkennt, wird das nicht verneinen. Wer im Leben zurückblickt, wird bescheiden anerkennen, dass das meiste, was wir getan haben, nicht unser Verdienst ist. Wenn ich meine wichtigsten Stationen wie den Eintritt in die Politik, die Übernahme des Zürcher Parteipräsidiums, die für die Partei den Anfang der Umkrempelung bedeutete, meinen Einstieg in die Wirtschaft, den Kauf der EMS-CHEMIE, den EWR-Kampf, die Wahl in den Bundesrat und vieles mehr Revue passieren lasse, so gibt es einen gemeinsamen Nenner: Bei all diesen Entscheidungen habe ich keine langfristigen Überlegungen für mein weiteres Fortkommen im Kopf gehabt, sondern aus dem Moment heraus entschieden, weil ich es damals für richtig hielt. Prestigegründe gab es keine. Und die Zweifel an der Richtigkeit meines Tuns kamen stets nach dem Entscheid. Vor allem für mein Engagement gegen den EWR, das mich an den Rand meiner körperlichen Kräfte brachte und in der Anfeindung den Höhepunkt darstellte, bis zur Absicht meiner Gegner, Blocher nicht nur als Politiker, sondern auch als Unternehmer zu zerstören, musste ich einen sehr hohen Preis bezahlen. Ich erinnere mich, wie ich deswegen aus dem Verwaltungsrat der damaligen Schweizerischen Bankgesellschaft geschmissen wurde oder wie der damalige SP-Präsident Peter Bodenmann in Domat/Ems versuchte – mangels politischer Argumente –, die Arbeiter der EMS zu einem Streik zu bewegen. Aber eines – das Grosse – ist gelungen: Die Schweiz blieb dem EWR – der Vorstufe zum EU-Beitritt – fern. Auftrag erfüllt!

Hätten Sie auch als Atheist diese Kraft entwickelt?

Das weiss ich nicht. Auch der Atheist steht unter der Gnade Gottes. Vielleicht will oder kann er sie nur nicht anerkennen. Doch die Existenz Gottes ist nicht davon abhängig, ob wir diese Existenz anerkennen. Es ist auch nicht so wichtig, dass man an Gott glaubt, viel wichtiger ist, dass Gott an uns Menschen glaubt. Als ich diese Überzeugung vor vielen Jahren in einem Interview aussprach, brach ein riesiges Protestgeheul los – vor allem von kirchlichen Leuten. Man warf mir Überheblichkeit und gar Blasphemie vor. Sogar mein jüngerer Bruder stürzte sich zornentbrannt in die ganze Diskussion und schrieb, diese

RELIGION

Auffassung sei ein Schlag ins Gesicht der Religionen. Kann sein, dass die christliche Botschaft über den Religionen steht. Vielleicht auch über der christlichen Religion. Barth hatte im Vorwort zu einer seiner Römerbriefausgaben einmal das Wort «Glaube» ziemlich keck als «Zuspruch Gottes» übersetzt. Ich meine, er traf dabei ins Schwarze.

Man erzählt sich von Ihnen, dass Sie auch bei Ihren öffentlichen Auftritten auf eine höhere Eingebung vertrauen …

Normalerweise spreche ich frei. Bis ich Bundesrat wurde, immer ohne Manuskript. Was ich immer bei mir habe, ist ein Zettel mit dem Titel des Referats. Das ist mein Auftrag, der vor mir liegt. Vor jeder Rede leide ich fürchterlich unter Angst-

LAMPENFIEBER

zuständen – man soll es Lampenfieber nennen. Oftmals verliessen mich meine Gedanken auf dem Weg zum nationalrätlichen Rednerpult. Die Angst packte mich, vorn nichts mehr sagen zu können. Viele meiner Reden habe ich zwar vorher schriftlich abgefasst, den Text aber vor der Rede wieder weggeschmissen oder unberücksichtigt liegengelassen. Die meisten Leute nehmen mir diese Angstzustände nicht ab. Das macht nichts. Oft habe ich sogar das Gefühl, die Beine würden mich nicht mehr tragen, und ich wundere mich über meine eigene Dreistigkeit. Eine Zeitlang glaubte ich sogar, auf öffentliche Reden verzichten zu müssen. Kaum habe ich aber die ersten zwei, drei Worte gesprochen, ist diese Unsicherheit wie weggeblasen. Alles ist da, und es kommt ohne mein Dazutun, konzentriert. Ich realisiere kaum, was um mich vorgeht. Höhere Eingebung? Auf jeden Fall Eingebung!

EINGEBUNG

Haben Sie dieses Gefühl auch, wenn Sie die gleiche Rede mehrmals halten?

Ja, ich habe dieses Gefühl bei jeder Rede. Trete ich, wie zum Beispiel letztes Jahr am 1. August, viermal auf, so wird mir viermal übel. Vor vielen Jahren habe ich mit dem verstorbenen bayerischen Ministerpräsidenten Franz Josef Strauss – notabene ein exzellenter Redner – über dieses Phänomen gesprochen. Ich sagte ihm, ich hätte stets Lampenfieber. Er habe dies wohl nicht. Strauss winkte ab. Auch ihm sei vor jedem Auftritt sterbensübel. In die umfassenden Manuskripte, welche ihm seine Redenschreiber vorbereitet hätten, schaue er gar nicht rein, sondern benütze sie nur als seelische Stütze. Seither kann ich mit diesem Phänomen besser umgehen.

Kokettieren Sie jetzt nicht auch ein bisschen?

Nein. Aber weil sie mich gefragt haben, rede ich darüber. Als ich noch Nationalrat war, spotteten Fraktionskollegen: Blocher ist ja selten da. Aber wenn er da ist, sitzt er hinein, hört eine kurze Zeit zu, geht nach vorn, redet frei, aber so, dass alle zuhören müssen.

LEIDENSPROZESS

Vom ganzen inneren Leidensprozess, von den inneren Krämpfen und Kämpfen bekommt niemand etwas mit. Deswegen vergleiche ich eine gute Rede auch mit einer Geburt. Der Inhalt wächst und wächst und muss plötzlich raus. Auch unter Schmerzen.

Vorhin haben Sie erwähnt, dass Sie sich manchmal über Ihre eigene Dreistigkeit wundern. Betrifft dies nur die öffentlichen Auftritte?

Intuitive Menschen entscheiden, reden, handeln so, wie sie es in einer ganz bestimmten Situation für richtig halten. Das Nachdenken, also Hinterher-Denken, kommt erst später. Und da kommen die Zweifel, man staunt oft über den eigenen MUT Mut, die eigene Dreistigkeit. Das Wenn und Aber treibt einen um. Das gehört zu meinem Alltag. Das Umfeld merkt davon in der Regel nichts.
Nehmen wir den mutigsten Entscheid in meinem Leben: Eine hochverschuldete Firma übernehmen, dafür alles, was man hat, hingeben, mit riesigen Bankkrediten, vier kleinen Kindern – war das mutig oder dreist? Ich weiss nicht, ob ich heute noch den gleichen Mut aufbrächte, da mit dem Alter auch die Vorsicht wächst. Ich erinnere mich noch an die Orientierung der Mitarbeiter nach dem Kauf. Unsere Leute waren in einer Halle in Domat/Ems versammelt. Instinktiv hatte ich zu Hause die Militärschuhe angezogen, was ich sonst nie tat und erst auf dem Gang zum Rednerpult bemerkte. Als ich dann den einigen Hundert Mitarbeitern zurief, wie schlecht es um die Firma stehe und dass ich diese mit fremdem Geld und einem Zinsaufschub der kreditgebenden Bank übernommen hätte, und sie zum Schluss aufforderte, an die Arbeit zu gehen, damit ich die Zinsen bezahlen könne, brandete mir unerwartet ein starker Applaus entgegen. Erst später wurde mir klar: Die unbewusst angezogenen Militärschuhe symbolisierten das Bedürfnis nach Halt. Eine Führungsperson ist am Ende immer auf sich selbst gestellt und deswegen oftmals auch einsam. Standfestigkeit ist gefragt.

Aber kann man überhaupt aus freiem Willen handeln?

Lassen wir diese hochphilosophische Frage! Gegenüber anderen Menschen bringt man wohl die Kraft auf, frei zu handeln – vielleicht auch nicht immer. Aber wenn Gott allmächtig ist, wird er wohl tun, was er will. Darum die Feststellung im «Unser Vater»: Dein Wille geschehe, was ja mehr eine Verheissung als eine Bitte sein soll. Jean Calvin hat diese Bestimmung wohl richtig erkannt. Wer zurückblickt im Leben, wird erkennen, dass gerade über die wesentlichen Dinge in unserem Leben entschieden wird: Denken Sie an die Geburt oder an die prägenden Jahre der Kindererziehung – wir haben nichts zu sagen. Oder denken Sie an wichtige, angeblich so sehr von uns getroffene Entscheidungen zurück. Hätten wir nicht ebenso gut das Gegenteil entscheiden können? Und wie ist es mit dem Tod?

Dann könnte Sie Gott in seiner Allmacht auch von jeglicher Verantwortung befreien …

Wenn er das wollte, könnte er! Das liegt nicht in meiner Entscheidung. Meine Verantwortung definiert sich stets durch meinen Auftrag, den ich annahm oder annehmen musste. Die Lebenswirklichkeit bestimmt. Also soll man sich nach dem Leben, der Wirklichkeit ausrichten. Dies ist ethisch. Ich habe mir sagen lassen, dass Ethik vom griechischen «Ethos» komme, ETHIK was so viel heisse wie das «dem Leben Gemässe». Doch: Wer es anders sehen will, möge es anders sehen. Ich bin zu pragmatisch, um hier allzu tief zu stochern. Ich bin, weil ich bin. Nach dem Sinn meines Lebens habe ich nicht zu fragen. Der Sinn ist gegeben, weil ich geboren wurde. Das gilt für alle Menschen. Ist doch tröstlich, oder?

DAS BLOCHER-PRINZIP IN DER PRAXIS

Walter Eberle (geb. 1957) ist ein langjähriger enger Mitarbeiter von Bundesrat Christoph Blocher, und wie kaum jemand sonst ist er mit dessen verschiedenen Facetten vertraut: In der Armee war er Christoph Blochers Adjutant, bei der EMS-CHEMIE sein Generalsekretär, und heute arbeitet er an der Seite von Bundesrat Blocher als Generalsekretär des Bundesamtes für Justiz und Polizei. Er spricht über seine Erfahrungen mit dem blocherschen Führungskonzept in Wirtschaft, Politik und Militär.

Walter Eberle, Sie arbeiten schon sehr lange in den verschiedensten Funktionen für Christoph Blocher. Was zeichnet seinen Führungsstil aus?

Bundesrat Christoph Blochers Führungsstil ist klar, unmissverständlich und von Vertrauen geprägt. Verantwortung und Kompetenzen werden delegiert. Als «Gegenleistung» müssen die Mitarbeiter Verantwortung übernehmen. Mit dem Antragssystem werden die Mitarbeiter gezwungen, auf der Stufe des Vorgesetzten denken. Das fordert und fördert die Mitarbeiter gleichermassen, was zusätzlich den Zusammenhalt innerhalb einer Organisation stärkt.

Führt das nicht zu einer permanenten Überforderung des Untergebenen?

Nein, das Gegenteil tritt ein. Dieses System gibt einer Organisationseinheit eine enorme Führungskraft. Wenn ich die Anträge durchlese, die mir gestellt werden, realisiere ich, wie intensiv sich meine Mitarbeiter mit den Problemen auf meiner Ebene auseinandersetzen müssen. Das erhöht die Motivation und gibt einem Mitarbeiter, selbst wenn er keine unmittelbare Kompetenz für die Problemlösung hat, die Möglichkeit, seinem Chef zu sagen, wie man es tun sollte.

Wie will man einem Chef etwas erklären, wenn man nicht kompetent ist?

Das ist nicht eine Frage der Kompetenz, sondern der Fähigkeit, Aufträge zu analysieren und auszuführen. Wird die Auftragsanalyse sorgfältig und richtig gemacht, dann ist ein wichtiger Teil der Problemlösung erarbeitet. Diese Führung verlangt starke Persönlichkeiten. Wer nicht in der Lage ist, solche Überlegungen anzustellen, befindet sich am falschen Ort und muss früher oder später ausgewechselt werden.

Passiert das oft?

Nein. Wir hatten bei EMS-CHEMIE, nicht zuletzt aufgrund dieser klaren Führung, immer starke Chefs.

Ist das kein brutales System?

Überhaupt nicht. Christoph Blocher geht immer vom Auftrag aus, das heisst, er stellt nicht den Menschen, sondern den Auftrag in den Mittelpunkt. Wenn der Auftrag im Mittelpunkt steht, ist es wesentlich einfacher, sich für die beste Lösung zu entscheiden, weil es immer ein Entscheid für oder gegen etwas und nicht für oder gegen jemanden ist. Bei EMS verlangte Christoph Blocher gute Ergebnisse, weil gute Ergebnisse das Blut des Unternehmens sind. Das hat viel mit der Übernahme von Verantwortung zu tun, gegenüber den Mitarbeitern und bei EMS gegenüber einer ganzen Region. Diese Ergebnisse hat aber nicht er vorgegeben, sondern sie wurden von den Mitarbeitern selbst erarbeitet und beantragt. Wenn er damit einverstanden war, hat er sie genehmigt.

Er hat also keinen Einfluss auf die Vorgaben, die ihm seine Mitarbeiter präsentierten, genommen …

Doch, sobald er klare Indizien hatte, dass man noch mehr erreichen könnte, hat er dies mit den Verantwortlichen diskutiert. Es ging auch darum, ehrgeizige Ziele zu setzen. Das Antragssystem hat sehr grosse Vorteile, weil der Untergebene immer miteinbezogen wird. Sobald ein Ziel definiert ist, muss es erreicht werden.

Was passierte, wenn dies nicht der Fall war?

Wenn ein Unternehmensleiter seine Ziele nicht erreicht, dann hat er ein Problem. Langfristig ist es unmöglich, einen Unternehmensleiter zu beschäftigen, der die geforderten Resultate nicht erreicht. Unter einer schlechten Führung leidet der ganze Betrieb. Zu gross ist die Verantwortung den Mitarbeitern gegenüber.

Sie haben Christoph Blocher im Militär, in der Wirtschaft und nun in der Verwaltung erlebt. Wo sind die grössten Unterschiede?

Beim Militär handelt es sich um ein reines Befehlssystem, deswegen ist es nicht direkt mit der Privatwirtschaft und der Politik vergleichbar. Christoph Blocher hat das Antragssystem – wie es bei EMS gehandhabt wurde – auch in der Verwaltung eingeführt. Im Gegensatz zur Industrie stehen beim Bund keine Unternehmensleiter an der Spitze, die (finanziell) ergebnisorientiert arbeiten müssen. Da in der Verwaltung auch die politische Komponente berücksichtigt werden muss, sind die Resultate anders gelagert als in der Privatindustrie. Ein kleines Beispiel: Beim Asyl- und Ausländergesetz waren die überzeugenden Argumente ein wesentlicher Teil des Erfolges. Damit die Argumente in der Öffentlichkeit gehört werden, benötigen die Amtsdirektoren politisches Gespür und ausgezeichnete Fachkenntnisse.

Kann man dieses Führungssystem in der Verwaltung eins zu eins übernehmen?

Ja, Christoph Blocher hat dieses Führungssystem beim Bund genau so übernommen, wie es bei EMS der Fall war. Am Anfang hatten wir einen enormen administrativen Aufwand, heute sind die Mitarbeiter mit diesem System sehr zufrieden, weil es nicht nur einfach und effektiv ist, sondern jeden einzelnen zwingt, eine Sache vertieft zu analysieren. Wenn die fundierte Analyse fehlt, realisiert das Christoph Blocher sofort und schickt den Antrag umgehend zur Überarbeitung zurück.

Wie ist die Akzeptanz des Antragssystems innerhalb des Justizdepartements?

Diese Frage nach der Akzeptanz ist unwichtig. Der Erfolg ist massgebend. Wenn der Erfolg eintritt, dann werden die Ziele erreicht. Wenn die Ziele erreicht werden, dann ist das auch für die Mitarbeiter eine Bestätigung. So wird der Führungsalltag nicht mit einem System, sondern mit einer lebendigen Führung bewältigt. Das ist ein wichtiger Erfolgsfaktor von Christoph Blocher. Obwohl er viel Arbeit zu bewältigen hat, ist sein Pult immer leer und er hat immer Zeit für Gespräche mit seinen Mitarbeitern.

Wie wird in den anderen Departementen geführt?

Das weiss ich nicht. Ich habe lediglich den Eindruck, dass wir auftragstreuer sind als andere Departemente. Wenn der Bundesrat etwas entschieden hat, dann setzen wir es um. Wir machen es, ob es in unsere Konzeption passt oder nicht. Entscheid ist Entscheid. In der Verwaltung habe ich manchmal den Eindruck, dass ein Entscheid nicht als solcher akzeptiert wird und einzelne Departemente ihre eigene Agenda haben.

Was hat sich unter Christoph Blocher konkret geändert?

Im Gegensatz zu andern Bundesräten verzichtet Christoph Blocher auf persönliche Mitarbeiter und Referenten. Er führt die Amtsdirektoren direkt. Konkret bedeutet das: Sobald Christoph Blocher ein Problem sieht, geht er direkt zum betreffenden Amtsdirektor und löst einen Auftrag aus. Früher wurden Aufträge via Zwischeninstanzen ausgelöst und auch so bearbeitet. Umgekehrt funktioniert es auch: Der Antrag eines Amtsdirektors geht direkt zum Justizminister. Im Gegensatz zu früher versteht sich das Generalsekretariat wieder als Stabsstelle, welche auf inhaltliche Fragen keinen Einfluss nimmt.

Bekommt der einzelne Bundesrat durch dieses System mehr Macht?

Nein, aber er setzt sich vertiefter mit den Anträgen seiner Amtsdirektoren auseinander. Er führt auch viele Hearings durch, in denen aktuelle Probleme besprochen und diskutiert werden. Früher diskutierte die Entourage eines Bundesrates mit den Amtsdirektoren. Christoph Blocher wirkt dadurch nicht abgehoben, weil er nicht ständig von einem Heer von Referenten und Beratern umgeben ist. Durch die permanente Auseinandersetzung mit den Problemen und Anliegen der einzelnen Ämter ist er auch für die Kommissionssitzungen und die Auftritte im Parlament bestens gewappnet. Es ist eine Stärke von Christoph Blocher, dass er alle Vorlagen verinnerlicht hat.

Beschäftigen Sie heute weniger Mitarbeiter als früher?

Ja, wir beschäftigen heute im Generalsekretariat und in den Ämtern aufgrund einer veränderten Organisationsstruktur weniger Mitarbeiter als früher. Im Eidgenössischen Justiz- und Polizeidepartement (EJPD) werden seit 2004 in 4 Jahren rund 300 Stellen abgebaut. Ein kleines Beispiel: Früher war jedes Amt dezentral organisiert, bis wir realisiert haben, dass das viel zu teuer ist. Deswegen haben wir Teile zentralisiert. Früher wurden innerhalb des Departements etwa 60 Mitarbeiter im Human-Resources-Bereich beschäftigt, heute ist es noch die Hälfte. Auch in den Finanzen konnten wir mit dem gleichen Vorgehen den Personalbestand massiv senken. Aufgrund dieser Zentralisierung konnten wir das fachliche Niveau steigern, weil nun die Experten zentral ausgebildet werden und die Arbeitsplätze so gestaltet wurden, dass sich eine Person künftig nicht mehr nur um eine Spezialaufgabe kümmern muss, sondern zusätzlich weitere Aufgaben übernimmt. So bleiben die Mitarbeiter auch für den Arbeitsmarkt interessant.

Kann man die Effizienz eines Amtes überhaupt messen?

Wenn es um eine Gesetzgebung geht, kann man die Effizienz sicher nicht eins zu eins messen. Die Qualität einer Gesetzgebung ist essentiell. Ausdruck von effizienter Amtsführung ist für mich, die gleiche Aufgabe ohne Leistungsabbau mit weniger Leuten auszuführen. Dank einer konsequenten Prioritätensetzung haben wir dieses Ziel erreicht. Beim Bund ist es oftmals Usus, alles auszuführen, was interessant ist. Darunter befinden sich leider sehr viele Leerläufe.

Wie konnten Sie die Effizienz in Ihrem Departement konkret steigern?

Ich habe unsere Mitarbeiter gebeten, alle Aufgaben zu notieren. Nachdem sie dies getan hatten, konnten wir aufgrund der Prioritätenordnung feststellen, wo Doppelspurigkeiten bestanden, was unnötig war und was nicht. Auf diese Weise konnten die wesentlichen von den unwesentlichen Aufgaben getrennt werden. Die Verwaltung ist im Übrigen eine grosse Beschäftigungsmaschinerie.

Funktioniert dieses System auch bei einer introvertierten Führungspersönlichkeit?

Ich glaube schon. Ein Vorgesetzter muss bereit sein, seine eigene Meinung zu hinterfragen, weil nicht alle eingereichten Anträge der eigenen Meinung entsprechen.

Gerade im Asylbereich gibt es sicher Mitarbeiter, die eine andere Meinung als Bundesrat Blocher vertreten. Haben diese mit ihren Anträgen überhaupt eine Chance, Gehör zu finden?

Es gab immer wieder Situationen, in denen Christoph Blocher – auch im Unternehmen – mit Hilfe eines Antrags von einer anderen Meinung überzeugt werden konnte. Die Argumente zählten. Im Rahmen eines Antrags will er immer Extremvarianten dargestellt und bewertet haben. In diesem Sinne werden auch Varianten präsentiert, die nicht seinen politischen Vorstellungen entsprechen.

Werden extreme Varianten überhaupt ernst genommen?

Sicher. Die eigene Meinung und die eigene Variante können nur dann erfolgreich durchgesetzt werden, wenn die Vor- und die Nachteile der anderen Varianten bekannt sind.

Eine Maxime Blochers lautet, keine Fragen an den Vorgesetzten. Ist das in der Praxis überhaupt durchführbar?

Das ist keine Theorie, sondern Realität. Im Übrigen können auch mündliche Anträge gestellt werden. Ich erlebe es persönlich immer wieder, dass Christoph Blocher mir sagt: «Stell einen Antrag!»

Dürfen Ihnen Ihre Mitarbeiter keine Fragen stellen?

Ich bin in diesem Punkt nicht so konsequent wie mein Chef.

Führte Christoph Blocher früher strenger?

Da er in seiner Firma die Verantwortung für über 2500 Mitarbeiterinnen und Mitarbeiter trug und er die Konsequenz kannte, wenn er keinen finanziellen Erfolg hatte, empfand ich ihn als konsequenter als heute. In der Bundesverwaltung nimmt er sich viel mehr Zeit für Diskussionen und gibt den Kritikern immer wieder die Möglichkeit, ihre Bedenken vorzutragen.

Ist Christoph Blocher vom Wesen her mehr Politiker oder Unternehmer?

Eindeutig Unternehmer. Die unternehmerischen Prinzipien wendet er jetzt auch in der Politik an: Kosten senken und sparsames Umgehen mit den Ressourcen. Gleichzeitig hat er einen unglaublichen politischen Instinkt für das Machbare.

NAMENREGISTER